빛깔있는 책들 103-14

보살상

글/박도화 ● 사진/박도화, 안장헌

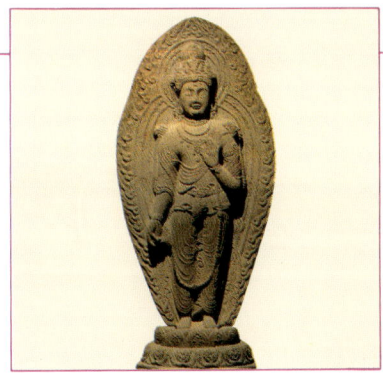

대원사

박도화 ────────────

홍익대학교 대학원 미술사학과에서
한국미술사를 전공하였다. 현재 동국
대학교 박물관 연구원으로 있으며
동국대에 출강하고 있다. 논문으로
'한국 불교 벽화의 연구' '조선조의
사원 벽화' '조선조 약사불화의 연
구' 등이 있다.

안장헌 ────────────

고려대학교 농업경제학과를 졸업했으
며, 신구전문대 강사, 사진 예술가협
회 부회장으로 있다. 사진집으로「석
불」「국립공원」「석굴암」등이 있
다.

보살상

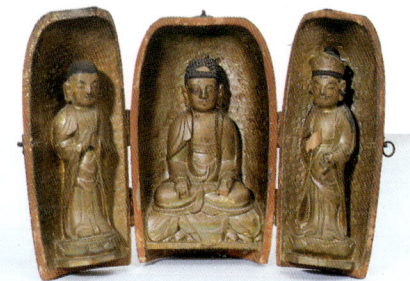

보살상

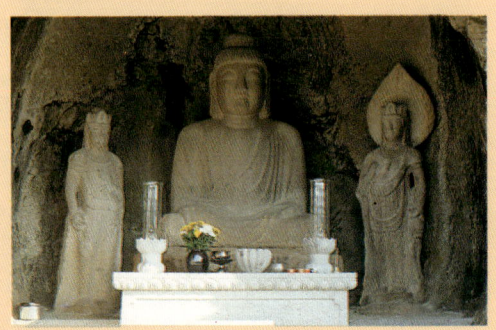

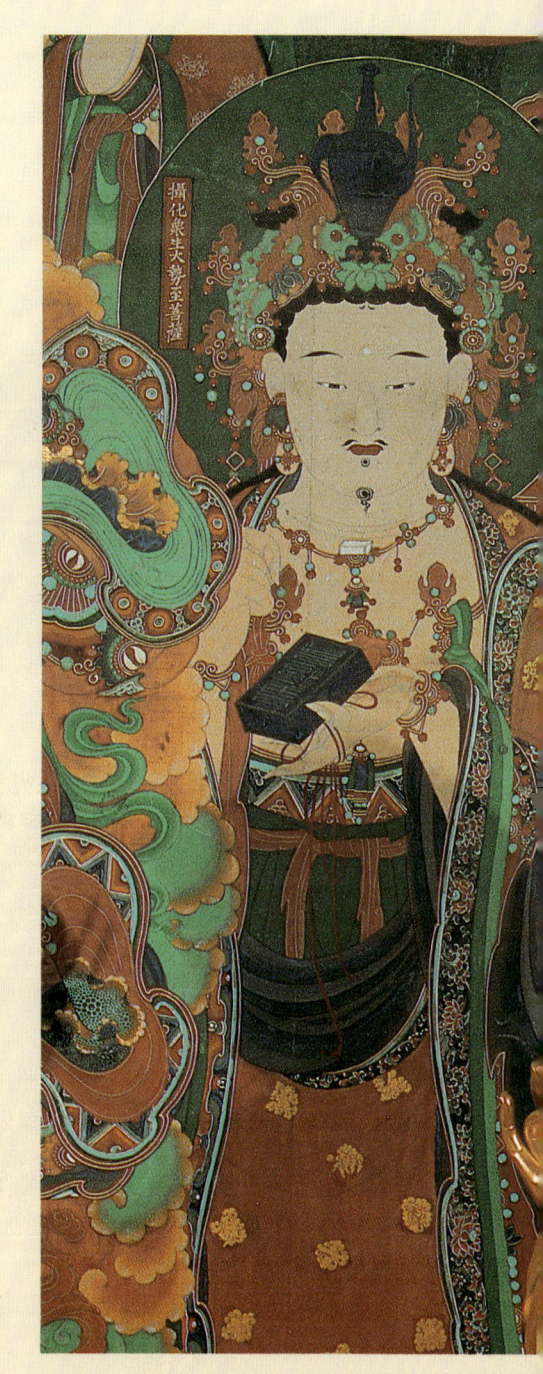

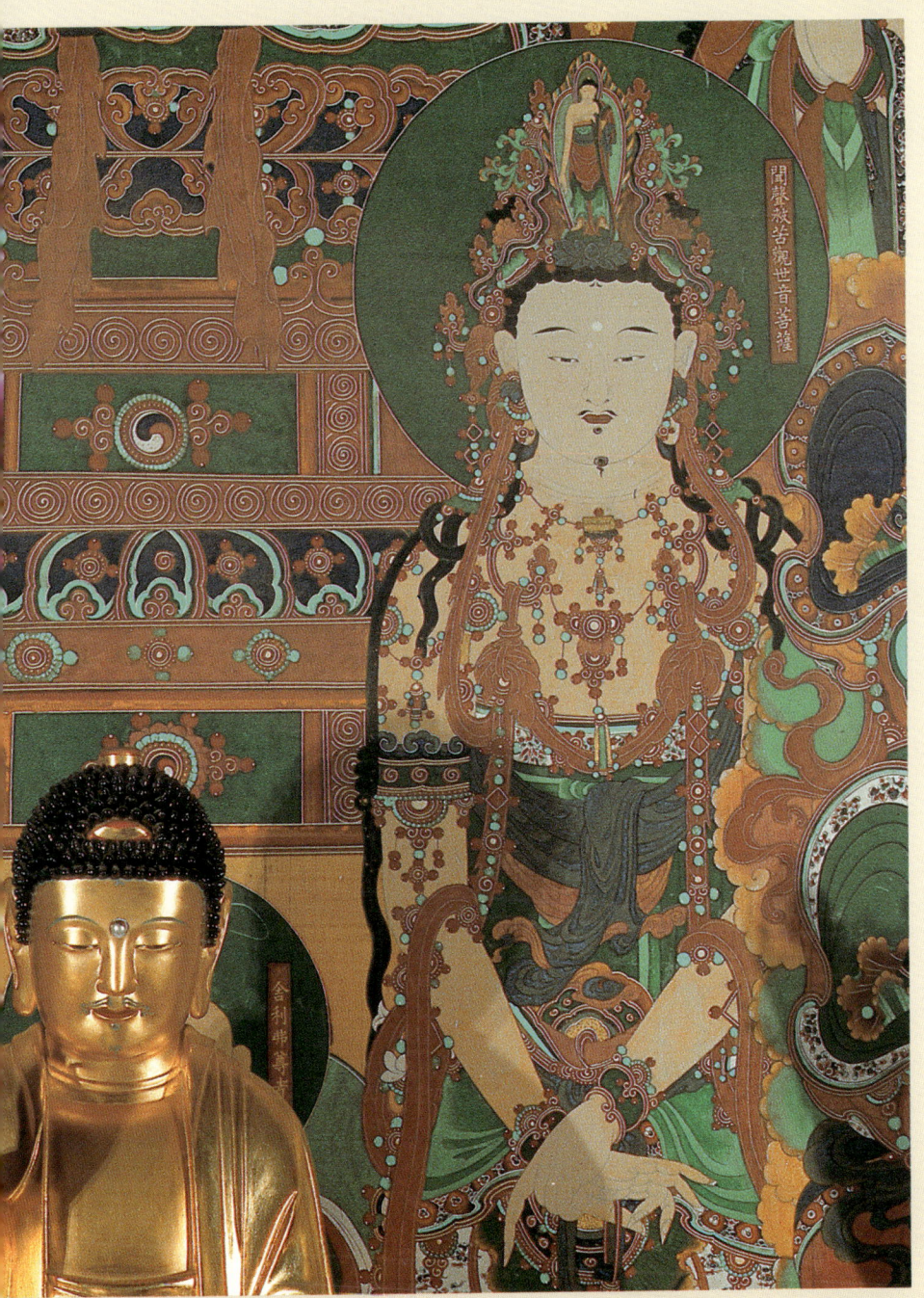

보살의 의미

　보살이란 인도 Sanskrit(梵語)의 bodhisattva를 한문으로 음역(音譯)한 '보리살타(菩提薩埵)'를 줄인 말이다. bodhi는 '불지(佛智)' '불도(佛道)' '깨달음'을 의미하고 Sattva는 '유정(有情)' 혹은 '중생(衆生)'을 뜻한다. 곧 bodhisattva는 '깨달음을 구하는 유정' '보리(菩提)'를 탐구하는 자'라 할 수 있다.

　석가모니만을 유일한 붓다로 인정하는 소승불교(小乘佛敎)에서는 성도(成道) 이전의 석존만을 보살이라 하였지만, 수많은 붓다의 존재를 인정하는 대승불교(大乘佛敎)에서는 대승법을 수행하며 '깨달음을 구하여 노력하고 있는 자'를 모두 보살이라 한다.

　불교에서 말하는 보살은 자기 자신만의 깨달음을 추구하는 자기 중심의 수행자는 아니고 '상구보리 하화중생(上求菩提 下化衆生)'을 그 이상으로 삼아 위로는 보리 곧 깨달음을 구하며, 아래로는 자비행(慈悲行)을 실천하여 일체 중생을 구하려고 애쓰는(利他) 자를 의미한다.

　이러한 보살도의 이상을 실천하기 위한 구체적인 실천행을 육바라밀(六波羅密)과 사홍서원(四弘誓願)이라 한다.

깨달음에 도달하기 위한 여섯 가지의 수행도를 육바라밀(Pāramitā)이라 하는데 바라밀이라는 것은 범어 Pāramitā의 음역으로 "혼미한 차안(此岸)에서 깨달음의 피안(彼岸)에 도달한다"는 의미이다. 이는 보시(布施, Dāna) 바라밀, 지계(持戒, Śila) 바라밀, 인욕(忍辱, Ksānti) 바라밀, 정진(精進, Vīrya) 바라밀, 선정(禪定, Dhyāna) 바라밀 그리고 이들 5바라밀의 근본이 되는 반야(般若, Prajñā) 바라밀을 말한다.

사홍서원은 중생을 제도하고 교화하려는 4가지 서원으로 중생무변서원도(衆生無邊誓願度;고통이 많은 이 세계의 중생들의 수가 끝이 없다고 할지라도 모두 구제하려는 소원), 번뇌무진서원단(煩惱無盡誓願斷;번뇌가 끝이 없다 할지라도 다 끊어 없애려는 소원), 법문무량서원학(法門無量誓願學;법문이 한량없이 많지만 다 배우려는 소원) 그리고 불도무상서원성(佛道無上誓願成;가장 높이 있는 불도를 이루려는 소원)이다.

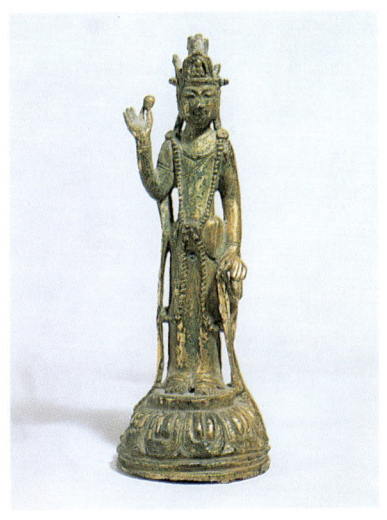

금동 관음보살 입상 백제(7세기). 보물 제195호. 전체 높이 21.1센티미터. 국립 중앙박물관 소장.

보살의 기원

그러면 '보살'이라는 말은 언제 생겨난 것일까?

금석문(金石文) 자료에 의하면 '보살'이라는 말은 탁실라(Taxila)에서 출토된 은판경(銀板經)에 쓰여진 '보살굴(菩薩窟;bosisatva-gahami)'이라는 것이 최초이다. 고고학계에서 밝힌 이 유물의 조성 시기는 서기 79년에 해당된다고 하나 문헌을 통해 볼 때 그보다 앞서 성립되었다고 믿어진다.

대승불교의 중요한 어휘의 하나인 '보살'이라는 칭호는 거의 모든 불전(佛典)에서 가장 자주 언급되는 말이다. 「대지도론(大智度論)」 「대비바사론(大毘婆沙論)」 「도행반야경(道行般若經)」 등의 경전에 보살의 개념을 잘 정리하고 있지만, 본생담(本生譚)이 실린 원시 불경이나 「아함부(阿含部)」 계통의 경전에서도 자주 오르내린다.

또한 「사리불아비담론(舍利佛阿毘曇論)」의 '비문분인품(非間分人品)'에는 부처님의 가르침을 수지(受持)하는 73명의 명단이 있는데 그 가운데 '보살'이 포함되어 있다. 그런데 그와 상응하는 팔리어 원전인 「인시설론(人施設論;Puggalapañathi)」의 '인시설(人施設)'에는 '보살'이 포함되어 있지 않다. 따라서 팔리어 「인시설론」이

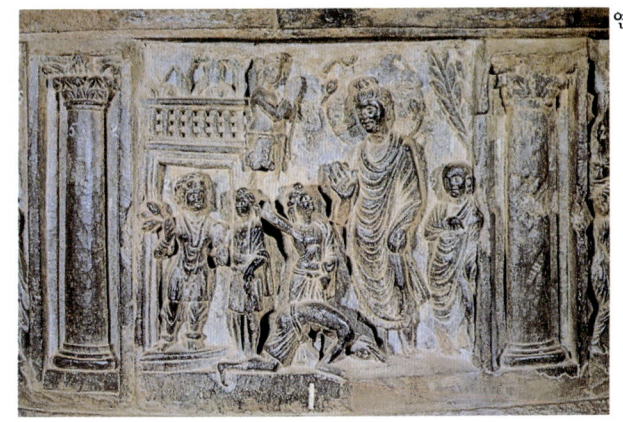

연등불수기 전세에 석존은 메가라는 바라문의 청년 수행자였다. 어느날 석존은 연등불이 마을로 오는 것을 알고 소녀에게서 연꽃을 사서 연등불을 향해 뿌리고 머리를 숙여 엎드렸을 때 연등불로부터 "장래에 석가불이 될 것"이라는 예언을 받았다고 한다. 시크리 출토 탑 부조상의 일부. 2, 3세기경. 라호르 박물관 소장.

성립되었을 당시까지는 아직 '보살'이라는 어휘가 나타나지 않았으나 「사리불아비담론」이 성립되기 이전에 나타나 있었다고 생각할 수 있다.

지금까지의 연구 결과에 의하면 「인시설론」이 성립된 연대는 기원전 3세기, 늦어도 기원전 2세기는 넘을 수 없다는 것이 정설이다. 따라서 이 '보살'이라는 말은 기원전 2세기 바로 뒤에 성립되었을 것이라고 추론된다.

근년의 연구에서 이 '보살'의 개념은 석가가 전세(前世)에 연등불(燃燈佛)에게 스스로 붓다가 되겠다는 서원을 세워서 연등불로부터 "너는 미래세(未來世)에 석가모니불이라는 붓다가 될 것이다"라는 보증 곧 수기(授記)를 받았다고 하는 '연등불수기(燃燈佛授記)'의 이야기에서 생겨나게 되었을 것이라고 말해진다.

곧 여기에는 '깨달음을 구하는 유정'이라는 개념과 아울러 '깨달음을 얻는 것이 확정되어 있는 유정'이라는 의미도 포함되어져 있다고 할 수 있다. 이러한 의미에서 이미 깨달음을 얻을 것이 분명한 석가의 전신(前身)이야말로 보살이라는 이름에 어울린다고 하겠다.

보살 사상의 전개

13쪽 사진 불전 문학에서 석가모니의 성도(成道) 이전의 단계를 설명하는 '석가보살'의 보살이라는 관념과 말은 그 뒤 불교 사상의 발전과 더불어 자비행(慈悲行)을 실천하는 이상적 인간상을 의미하는 보편적인 성격을 지니는 것으로 변화, 발전하게 되었다. 이러한 보살 관념의 변화는 불탑교단(佛塔敎團)을 원류로 하는 대승불교 사상의 발전과 깊게 관련되어 있다.

석가 입멸 뒤 그의 유골은 각지의 불탑(佛塔)에 모셔져 공양되었다. 석가를 추모하는 민중에 있어 불탑은 단순한 건물이 아니고 석가 그 자체이다. 또한 불탑을 순례하고 예배하며 공양하고 재물을 기진(寄進)하는 것은 현세에서는 여러 가지 복덕을 얻고 사후(死後)에는 천상(天上)에서 태어나 결국 성불(成佛)을 얻을 수 있다고 믿기 때문이었다.

이렇게 출가 승려 이외에 재가신도들도 불탑의 운영에 협력하여 이들을 포함한 신앙 집단인 불탑교단이 형성되었다. 이러한 불탑교단 사이에서 보살의 도(道)를 구하는 신앙이 생겨나 자신만의 수행을 닦는(自利業) 부파불교를 비판하는 새로운 불교 운동으로서의

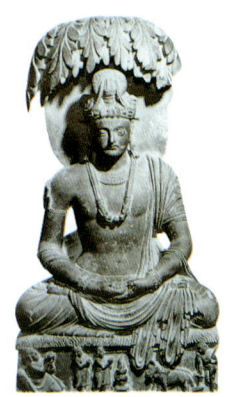

석가보살 석가의 전신인 석가보살이 명상에 잠겨 있는 모습. 태자 시절 석존은 부왕을 따라 농경제에 참석하였는데, 이곳 나무 그늘에서 명상에 잠겨 있을 때 동물 세계의 약육강식 현장을 목격하고 세상의 무상함을 느꼈다고 한다.

대승불교가 성립되었다.

불탑공양으로 표현되는 석가의 찬양은 석가를 초월자로서 신격화함과 동시에 석가의 전신(前身)에 관심을 모아 석가보살이 어떠한 모습으로 깨달음의 세계에 도달했는가를 생각하게 되었다. 결국 진실한 깨달음을 추구하여 성불한다는 서원과 모든 사람을 구하려는 대자비심 그리고 구체적인 수행도인 육바라밀로 대표되는 석가보살의 실천 활동 곧 보살도가 나타나게 된 것이다.

이렇게 성불에 이르는 도정(道程)으로서 보살도가 구체화되어 과거불인 석가의 전신 석가보살에 머무르지 않고, 사람들을 구제한다는 대자비의 서원을 세워 현재 보살도를 실천하여 보다 구체적인 여러 가지 보살이 출현하게 되었다. 우선 과거불인 석가에 대하여 미래 붓다가 될 것이라는 수기를 받은 미륵이 보살로서 관념화되었다. 곧 다음 대에 부처가 되는 것이 확정되어 있는 '일생보처보살(一生補處菩薩)'이 된 것이다. 그러나 대승불교에서는 이러한 과거의 석가, 미래의 미륵만으로는 만족하지 않고 현세 구제자로서의 성격을 갖는 관음보살을 비롯하여 문수, 보현, 일광, 월광 등 다양한 보살이 생겨나게 되었다.

보살상의 특징

초기 불교에서 말하는 보살은 석가모니의 전신을 가리키는 것이
므로 보살과 여래는 조형적으로 구분되지 않은 것 같다.

따라서 초기의 보살상 모습에는 육계(肉髻), 백호(白毫)와 광배
(光背) 등이 표현되어 여래형의 모습을 보여 주고 있다. 그러나 보살
사상이 발전됨에 따라 보살상은 여래상과 구분되고 조형적으로도
특징적인 모습을 갖추게 된 것이다. 보살상에서 공통적으로 보이는
도상을 간추려 보면 다음과 같다.

16쪽 왼쪽 사진   🙰 머리칼은 여래상이 곱슬머리인 나발(螺髮)임에 비해 보살상은
긴 머리를 빗어 묶고(寶髻) 수발(垂髮)을 어깨로 늘어뜨린다.

16쪽 오른쪽 사진   🙰 머리에는 보관(寶冠)을 쓴다.

17쪽 사진   🙰 몸에는 영락(瓔珞)을 걸쳐 장식하고 있다.

🙰 목, 팔, 손목, 다리, 귀 등에 장신구를 붙인다.

18쪽 사진   🙰 몸에는 천의(天衣)를 걸친다. 천의는 보살과 천부상(天部像)
의 양 어깨에서 팔꿈치를 휘감고 늘어뜨려지는 긴 옷으로 장식적인
기능도 갖는다.

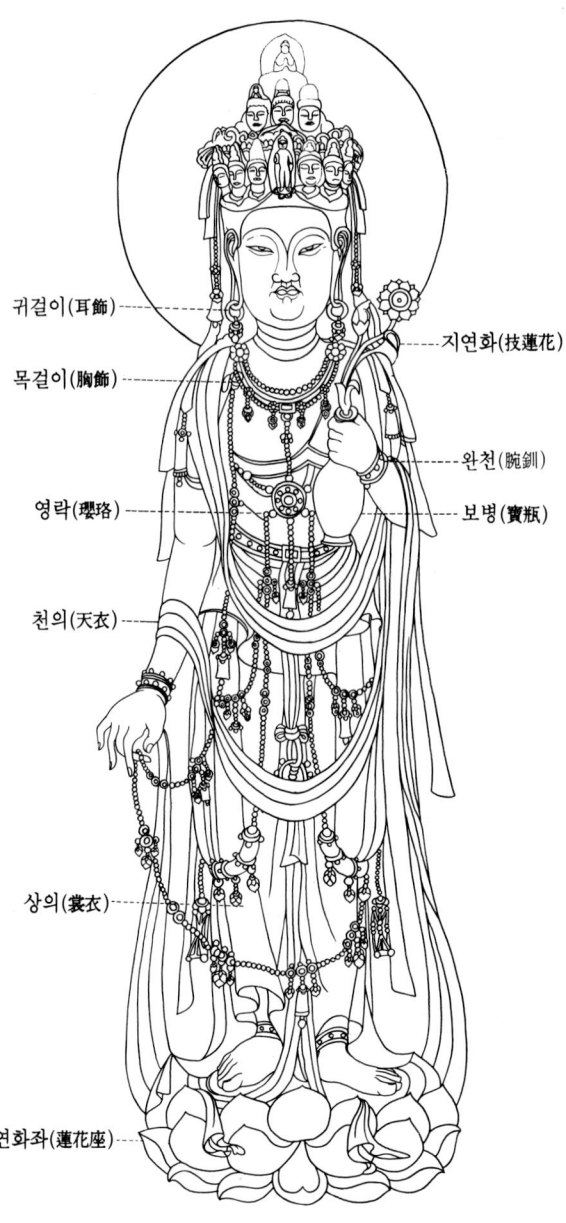

귀걸이(耳飾) —

목걸이(胸飾) —

영락(瓔珞) —

천의(天衣) —

상의(裳衣) —

연화좌(蓮花座) —

지연화(技蓮花)

완천(腕釧)

보병(寶瓶)

보살상(석굴암 십일면관음상)의 부문 명칭
(문명대,「한국 조각사」)

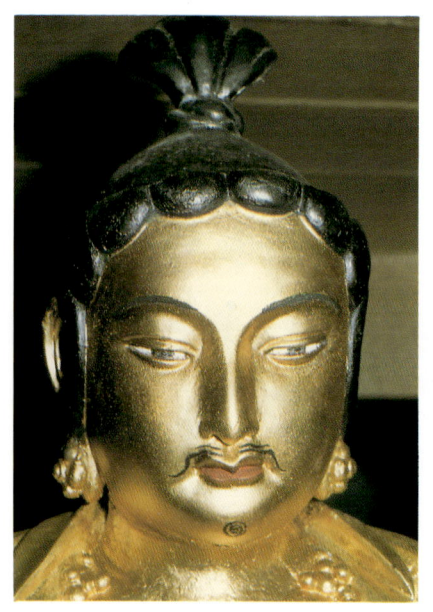 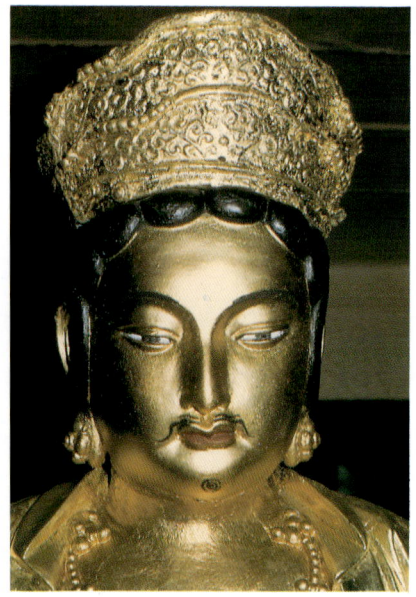

기림사 건칠 보살 좌상   왼쪽은 보관을 쓰기 전의 모습으로 머리칼을 빗어 묶은 보계를 볼 수 있다. 오른쪽은 그 위에 보관을 쓴 모습이다. 조선(1501년). 보물 제415호. 경북 월성군 기림사 소재.

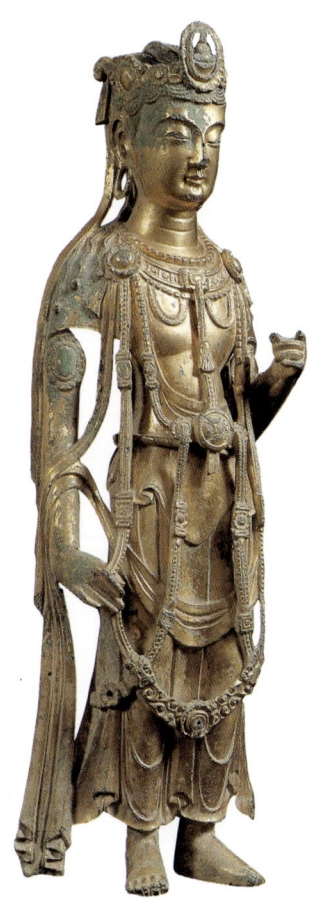

금동 관음보살 입상　보살상의 신체를 장엄한 각종 장신구가 잘 표현되어 있다. 귀걸이, 목걸이, 완천 외에 정교하게 표현된 영락이 전신에 걸쳐 장식되어 있는 보살상이다. 통일신라. 국보 제184호. 경북 선산 출토. 국립중앙박물관 소장.

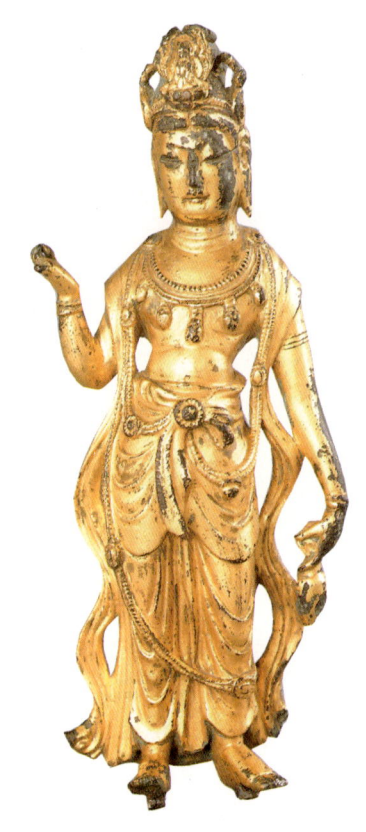

금동 보살 입상 상의의 주름이 다리 위에 자연스럽게 표현되어 있고 양 어깨를 감싼
천의는 발목까지 구불구불 흘러내리고 있다. 옷주름의 곡선미가 신체의 삼굴 자세,
양손의 모습과 조화되어 보살상의 아름다움이 훌륭히 표현되어 있다. 통일신라. 보물
제927호. 호암미술관 소장.

18 보살상의 특징

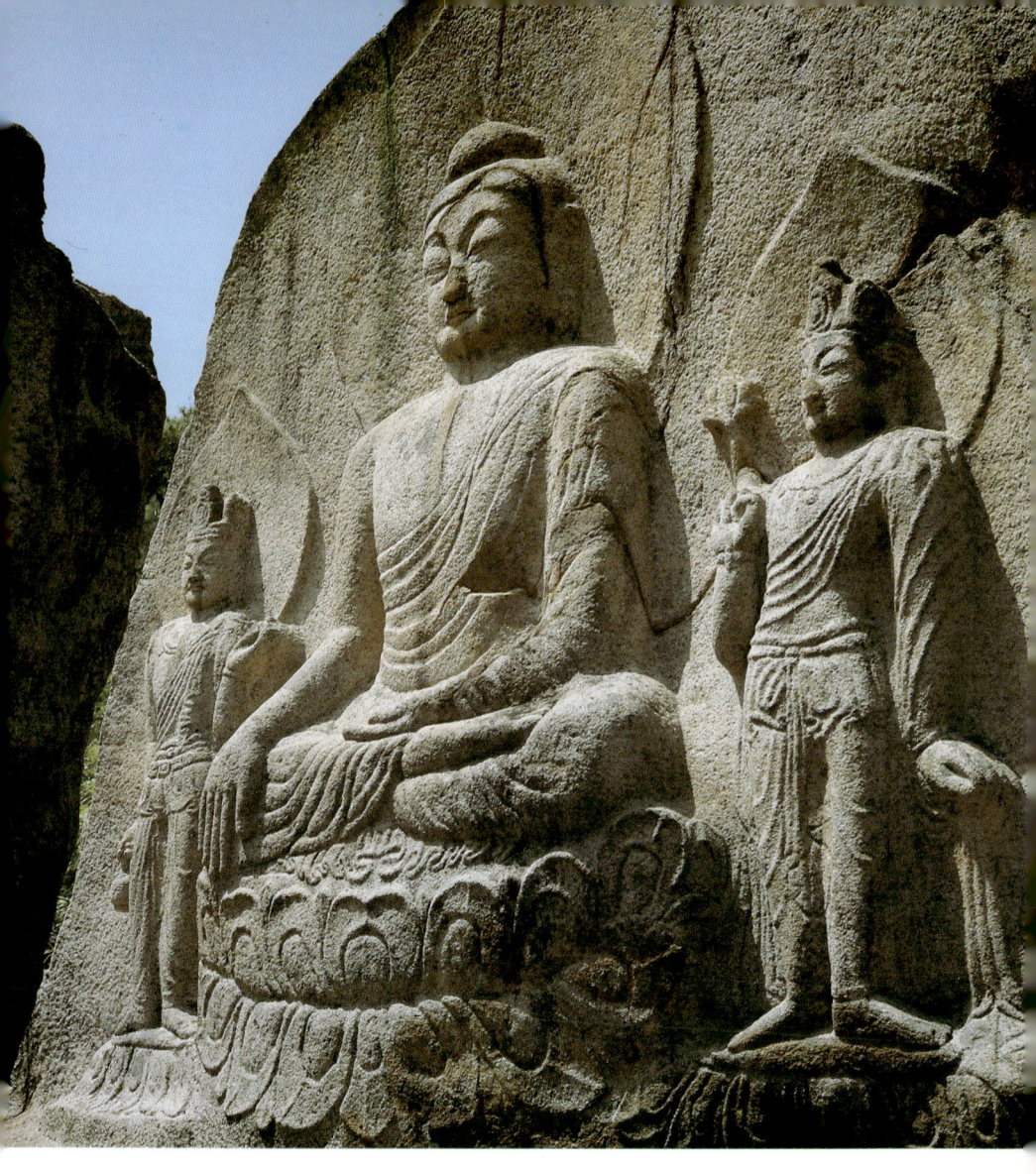

칠불암 마애 삼존불 두 협시보살상은 모두 연화좌 위에 서 있고 머리에는 보주형 두광이 표현되어 있다. 이들은 손에 각기 연꽃과 수병을 지물로 잡고 있다. 통일신라. 경주 남산 소재.

신선암 마애 보살 반가상 풍만한 체구에 구름을 타고 앉아 있는 편안한 모습의 이
보살상은 조망이 좋은 이곳의 위치에 잘맞는 신선암이라는 명칭과 썩 잘 어울린다.
이 보살은 지물로 연화를 들고 있다. 통일신라. 보물 제199호. 전체 높이 1.9미터.
경주 남산 소재.

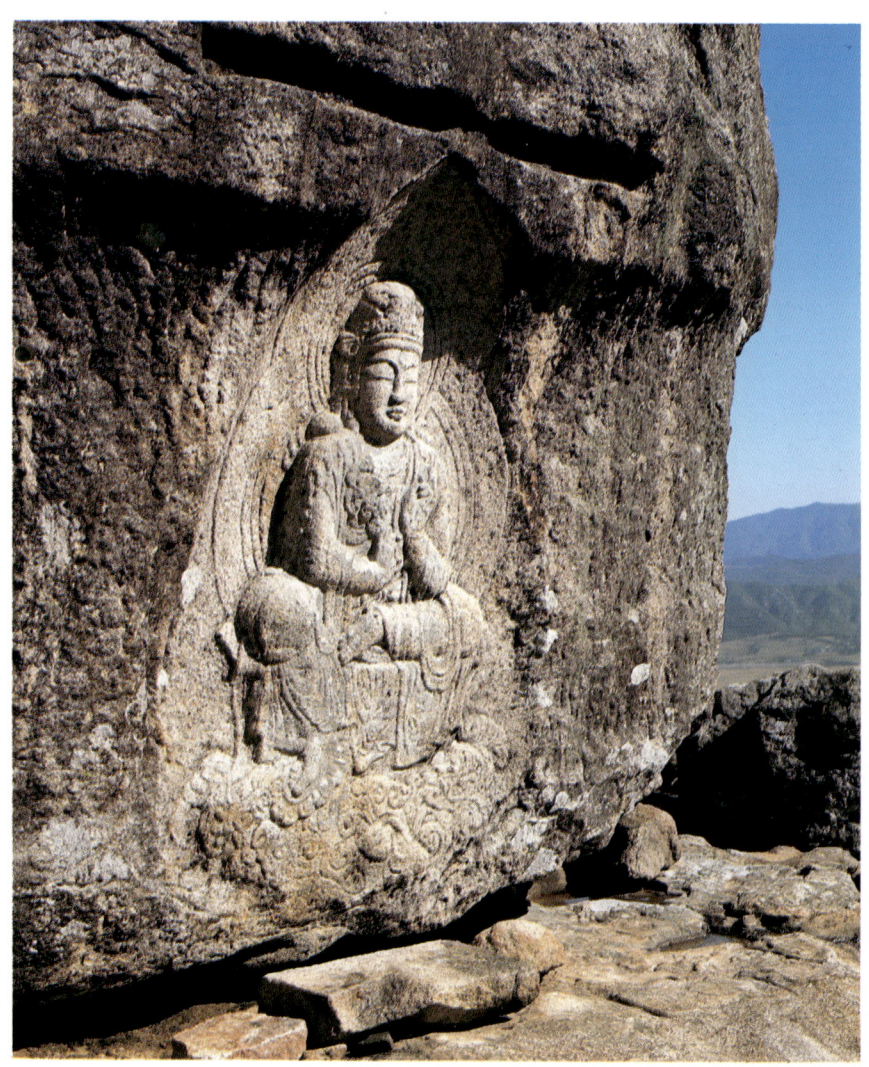

이것은 모든 이들을 구제하려는 자비심이 뒷받침되어야만 하는 것이다. 다시 말해 큰 자비심을 갖고 중생들의 모든 고난을 구제하고 복덕을 나누어 안락한 세계로 인도해 주는 구세주의 역할을 하는 존재이다. 이는 관음이 '상구보리 하화중생'이라는 대승불교의 이상을 가장 잘 실천하는 보살이라는 것을 가리킨다고 할 수 있다. 이렇게 대중의 현실 구복적인 소망을 이루어 주므로 관음보살은 일반 대중과 가장 가까이 밀착된 친근한 보살로 열렬한 지지를 받고 신앙되고 있다.

24쪽 사진

또 관음보살이 갖는 큰 특징의 하나는 자유 자재로 몸을 바꾸어 나타나는 신통력을 갖는다는 점이다. 곧 설법을 듣고자 하는 자에게 알맞은 모습으로 나타나 법을 설하고 중생을 제도한다는 것이다. 부처의 몸으로 제도할 자에게는 부처님의 모습으로 나타나 설하고, 왕의 몸으로 제도할 자에게는 왕의 모습으로 나타난다. 또 비구, 비구니 혹은 소년, 소녀의 몸으로 제도할 자에게는 각기 그 모습으로 몸을 자유로이 바꾸어 나타나 설법한다는 것이다.

이렇게 자유 자재로 몸을 바꾸어 나타날 수 있는 신통력을 갖는 존재이므로 관음보살 신앙이 발전함에 따라 다양한 모습의 변화관음이 성립하게 된다.

형상의 특징

다양한 변화관음은 모습도 각각 달리 표현된다.

관음의 형상을 최초로 기록한 경전은 5세기에 한역된 「관무량수경(觀無量壽經)」인데 여기에서 "관음은 머리 위에 머리칼을 묶은 상투 같은 육계가 있으며 머리 위 보관에는 불(佛)의 화신인 화불(化佛)이 있다"고 기록되어 있다. 그런데 8세기에 한역된 「보타락해

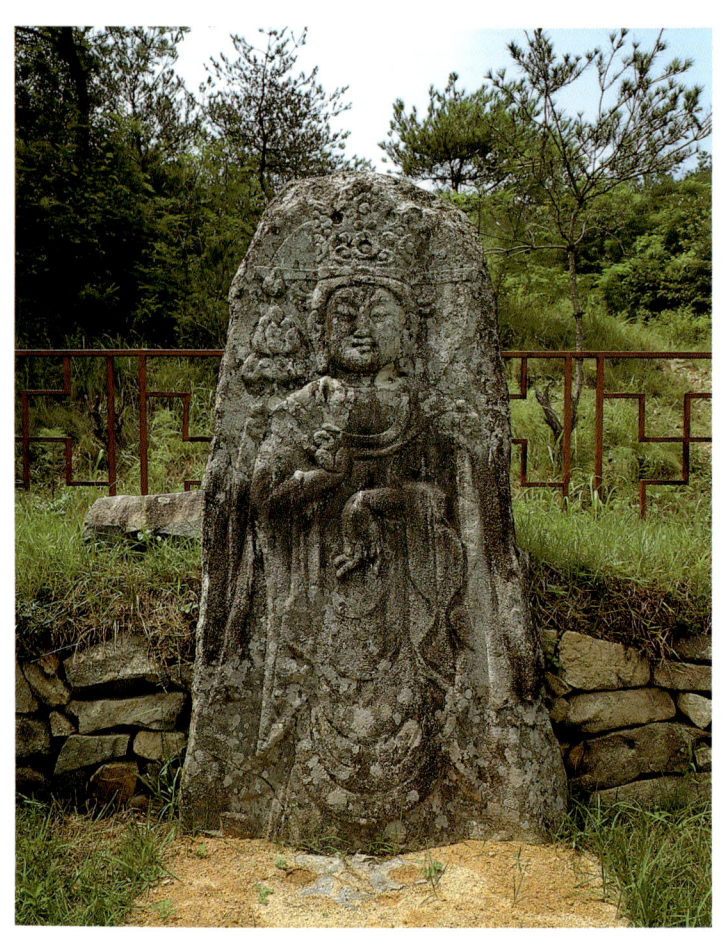

광덕동 마애 보살 입상 큼직한 연꽃을 지물로 들고 있는 보살상이다. 고려. 보물 제
679호. 현재 높이 2.02미터. 경북 금릉군 광덕동 소재.

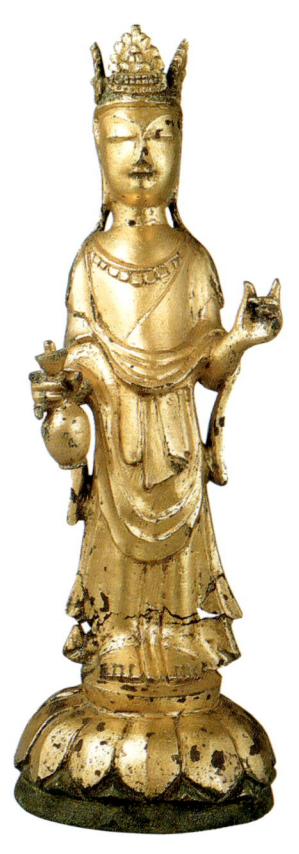
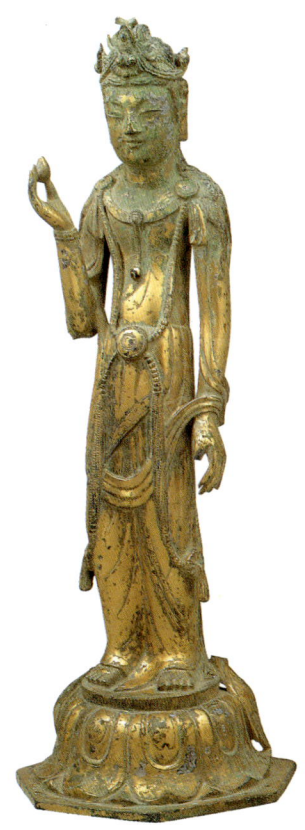

금동 관음보살 입상 오른손에 수병을 지물로 들고 있는 관음보살상이다. 신라. 국보 제127호. 서울 삼양동 출토. 국립중앙박물관 소장.(왼쪽)
　지물로 보주를 들고 있는 관음보살상이다. 통일신라. 국보 제183호. 경북 선산 출토. 국립중앙박물관 소장.(오른쪽)

회의궤(補陀落海會儀軌)」에서 이 화불은 무량수불 곧 아미타불이라고 한 뒤부터 아미타불로 부르는 것이 통설이 되어 왔다. 이것은 관음이 아미타불의 협시보살인 점과도 관련이 있다고 하겠다. 따라서 보관에 아미타불의 화불이 새겨진다는 것이 관음보살 형상의 가장 큰 특징이다.

26, 27쪽 사진 또한 관음보살은 손에 연화나 수병(水瓶)을 지물(持物)로 잡고 있는 것이 대부분인데 보주(寶珠)를 잡은 것도 있고 지물이 없는 경우도 있다.

관음보살의 자세는 다른 보살과 마찬가지로 입상과 좌상이 있지만 자유로운 모습으로 몸을 바꾸는 관음은 가끔 반가좌나 유희좌의 모습을 보이기도 한다.

관음의 종류

앞에서 살펴본 대로 관음은 자유로이 그 몸을 여러 가지 모습으로 바꿀 수 있다는 '보문품'의 설에 의해 관음33 응신설(應身說)이 나타나게 되었다. 이러한 관음 신앙이 전개됨에 따라 변화관음들이 생겨나게 되는데, 특히 밀교(密教)의 발달에 힘입어 다양한 변화관음들이 성립되기에 이르렀다. 그래서 6관음, 7관음, 33관음 등 이들을 구분하는 설도 다양한데 불교 미술에서는 7관음이 주로 형상화되었다. 7관음이란 성관음(聖觀音), 여의륜관음(如意輪觀音), 십일면관음(十一面觀音), 불공견색관음(不空羂索觀音), 천수관음(千手觀音), 마두관음(馬頭觀音), 준지관음(准胝觀音)을 말하는데 이들은 표현되는 모습도 각각 다르다. 그런데 특정한 변화관음 외에 일반적으로 관음이라 하면 성관음을 가리킨다.

우리나라에서는 밀교 미술이 크게 발달되지 않아서인지 성관음

이외의 변화관음의 예가 매우 드문 편이다.

성관음(聖觀音)

인도에서 관음 신앙이 발생한 이래 6 내지 7세기에 여러 변화관음이 성립되었다. 그래서 본래 관음의 모습을 변화관음과 구별하는 의미로 성관음(聖觀音), 정관음(正觀音) 또는 성관자재(聖觀自在)라고 부르게 되었다. 일반적으로 관음이라고 할 때에는 이 성관음을 가리키는 것이다. 따라서 이 관음의 특징은 앞의 일반적인 관음의 설명과 중복되므로 생략하기로 한다.

십일면관음(十一面觀音)

십일면관음보살은 범어로 Ekadaśamukha라 불리는데 11최승(最勝) 또는 11면(面)의 의미이다. 이것은 인도에서 성립한 최초의 변화관음인데 여러 얼굴을 가진 최초의 보살이기도 한다.

30쪽 사진

왜 생소한 11이라는 숫자가 채택되었는가는 아직 확실히 밝혀진 정설이 없다. 다만 이 십일면관음의 원형은 고대 인도 신화에 등장하는 폭풍의 신 루드라(Rudra)에서 연원된다고 알려지고 있다. 루드라는 자연계의 힘을 신격화한 것으로 11황신(荒神;Ekadaśa Rudra)이라고도 불리었다. 이러한 인도의 재래신이 불교와의 습합으로 인해 보살의 하나로 변모된 것이다.

십일면관음에 관한 최초의 경전은 북주(北周)의 나사굴다(那舍堀多)가 570년경에 한역한 「십일면관세음신주경(十一面觀世音神呪經)」이다. 이 경전은 당(唐)대에 아지구다(阿地瞿多)의 「십일면관세음신주경」 현장(玄奘)의 「십일면신주심경(十一面神呪心經)」 그리고 불공(不空)의 「십일면관자재보살심밀언염송의궤경(十一面觀自在菩薩心密言念誦儀軌經)」 등으로 다시 번역되어 당대에는 널리 신앙되었던 것을 알 수 있다.

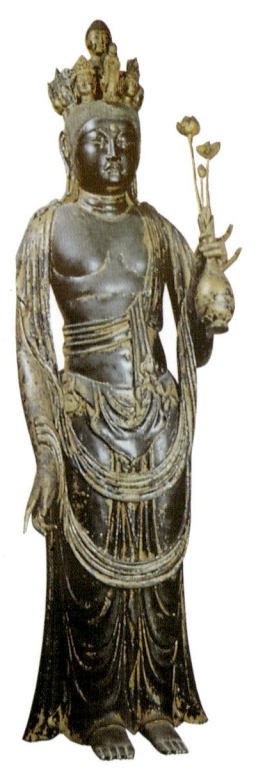

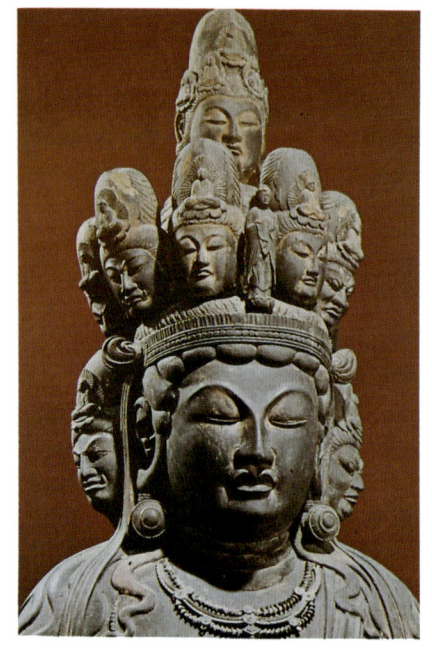

목심건칠 십일면관음보살 입상 11면의 형상 및 배치 그리고 연꽃이 꽂힌 보병을 지물
로 잡은 점 등 십일면관음의 도상을 충실히 따른 작품이다. 奈良시대. 높이 173센티미
터. 일본 경도 관음사 소장.(왼쪽,「國寶」1 수록. 일본 每日新聞社, 1963년 11월
30일)

목조 십일면관음상의 11면 보계 정상에 1면, 보관에 6면, 뒷면에 1면 그리고 본 얼굴
과 그 좌우에 1면씩 모두 11면의 3단으로 배치되어 있다. 平安시대(9세기). 높이
195센티미터. 일본 滋賀縣 向源寺 소장.(오른쪽,「國寶」2 수록. 1964년 12월 1일)

석굴암 십일면관음보살 입상 경전의 의궤를 충실히 따른 십일면관음으로 뛰어난 조각
술로 보살의 모습을 아름답게 표현한 걸작품이다. 통일신라. 높이 218센티미터. 경북
경주시 진현동 소재.(뒤)

십일면관음보살은 머리에 각기 표정이 다른 10면(또는 11면)의 불의 얼굴(佛面)을 안치한 모습으로 표현된다. 불공의 번역에 의하면 10의 얼굴 가운데 왼쪽 세 얼굴은 분노하는 표정의 위노상(威怒相), 정면 세 얼굴이 보살로서의 자비의 표정인 적정상(寂静相), 오른쪽 세 얼굴이 보살의 얼굴에 이를 드러내고 있는 이아출현상(利牙出現相) 그리고 뒤의 한 얼굴이 노한 표정의 소노상(笑怒相)이다. 이 11면의 의미는 여러 가지로 설명될 수 있지만 시방(十方) 모두를 관조하고 모든 중생을 제도한다는 관음의 성격을 강조하여 구상화한 것으로 믿어진다.

그러나 현존 관음상은 본보살상의 얼굴 위에 11면을 안치하여 본얼굴과 합하여 12면이 되는 상도 있다.

또한 11면관음은 보통 팔이 두 개인 것이 많지만 4비(臂)상도 있다. 2비상일 경우의 지물은 보통 연화와 보주이지만 4비상일 경우 지물이 여러 가지이다.

우리나라의 십일면관음상은 석굴암의 것과 경주 낭산 출토 십일면관음 입상 그리고 굴불사지 사면석불의 선각 십일면관음상 정도가 알려져 있을 뿐이다.

석굴암 십일면관음상 이 상은 본존의 바로 뒷면 벽에 부조되어 있는 상으로 석굴암의 부조상들 가운데 가장 우수한 수법을 보이며 또 가장 아름다운 자태를 자랑하고 있다. 얼굴은 근엄한 듯하면서도 온화한 표정을 지니고 전체적인 신체의 비례가 적절하며 몸의 굴곡이나 지물을 잡은 자세 또한 아름답다. 32쪽 사진

신체를 감싼 천의(天衣)는 몸의 곡선이 그대로 드러날 정도로 가볍게 걸쳐져 있고 또한 여기에 전신이 영락으로 아름답게 장식되어 있다. 이 보살은 연화좌 위에 직립해 있고 왼손은 가슴쪽으로 들어 연꽃이 꽂힌 보병(寶瓶)을 잡고 오른손은 아래로 내려 영락을 살짝 잡고 있는데 손가락의 모습이나 연꽃의 표현이 매우 섬세하고

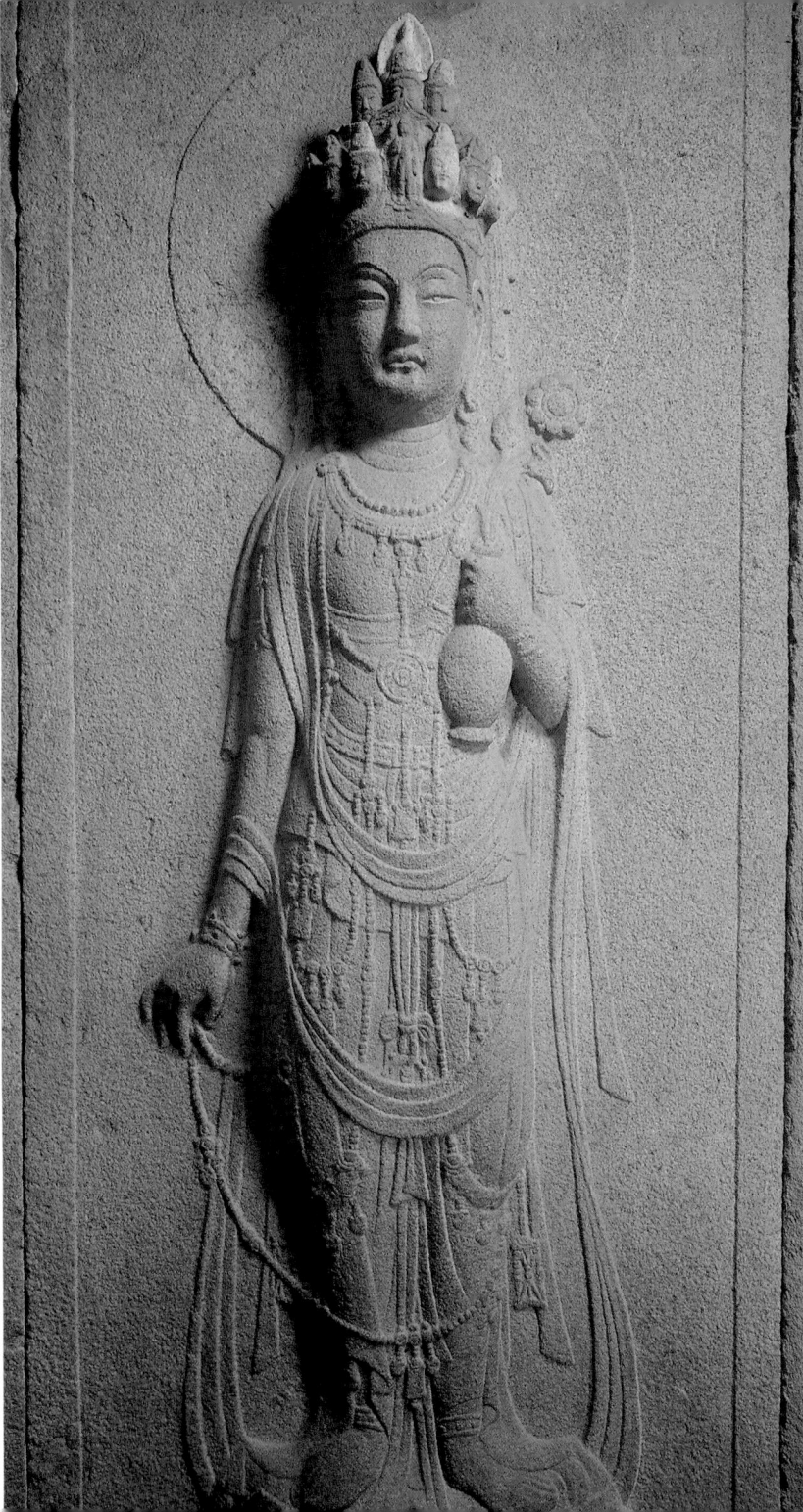

치밀하여 통일신라 조각술의 우수성을 직감하게 한다.

가장 중요한 두상(頭相)을 살펴보면 11면이 3단으로 이루어졌다. 가장 아랫단은 중앙의 화불 입상을 중심으로 좌우 각각 3면이 있고 가운데 단에 3면 그리고 맨 윗단에 광배를 지닌 화불 좌상이 안치되어 있는데 정상의 본좌상은 나중에 보완된 것이다. 각 보살면의 보관에는 화불(化佛)이 표현되어 있다.

11면 각각의 표정은 현재 잘 구분되지 않지만 한 단에 3면씩 구획한 배치라든가 연꽃이 꽂힌 보병을 잡은 왼손과 시무외인(施無畏印)을 취하고 영락을 잡은 오른손의 표현 등을 통하여 이 석굴암 십일면관음의 전체적인 도상은 소의 경전인 「십일면관세음신주경」의 의궤(儀軌)를 충실히 따른 것임을 알 수 있다. 따라서 이 석굴암의 십일면관음상은 의궤에도 충실할 뿐더러 조각 기법도 우수한 우리나라 십일면관음상의 대표가 되는 작품이라 하겠다.

낭산 출토 십일면관음상 이 상은 경주 낭산의 중생사(衆生寺) 터 부근에서 출토된 것이다. 지금은 국립경주박물관에 전시되어 있으며 원각상으로 현재 광배, 대좌 그리고 왼팔이 없다.

원만하고 살이 찐 듯한 얼굴에 이목구비도 큼직하며 체구도 건장하게 보인다. 이 관음상의 신체 역시 전체적으로 천의(天衣)와 영락으로 장식되어 있는데 석굴암 관음상에 비해 두텁고 이완된 수법임을 느낄 수 있다. 오른손은 굽혀 가슴에 대고 있고 왼손은 결실되어 무엇을 지물로 잡고 있었는지는 알 수 없지만 아래로 내리고 있었던 듯하다. 11면의 배치는 석굴암상의 11면과는 달리 중앙에 화불 좌상 1구가 안치되어 있고 그 좌우로 10면이 머리 뒤까지 일렬로 배치되어 있는데 각 면에는 화불의 표현이 남아 있다.

굴불사지 십일면관음보살 입상 이 상은 경주 굴불사지(掘佛寺 34쪽 사진 址) 사면석불의 북면에 미륵보살로 추정되는 보살상과 함께 조각되어 있는데 다른 상과는 달리 선각(線刻)으로 새겨져 있다.

굴불사지 십일면관음보살 입상 굴불사지 사면석불의 북면에 선각으로 새겨진 것으로 팔이 6개 달린 11면 6비상이다. 11면의 배치는 보살의 본면 뒤 귀 부분에 1면씩 2면과 본면 위에 5면, 그 윗단에 2면 그리고 정상에 1면이 배치되어 있다. 통일신라. 보물 제121호. 경주시 동천동 굴불사지 소재.

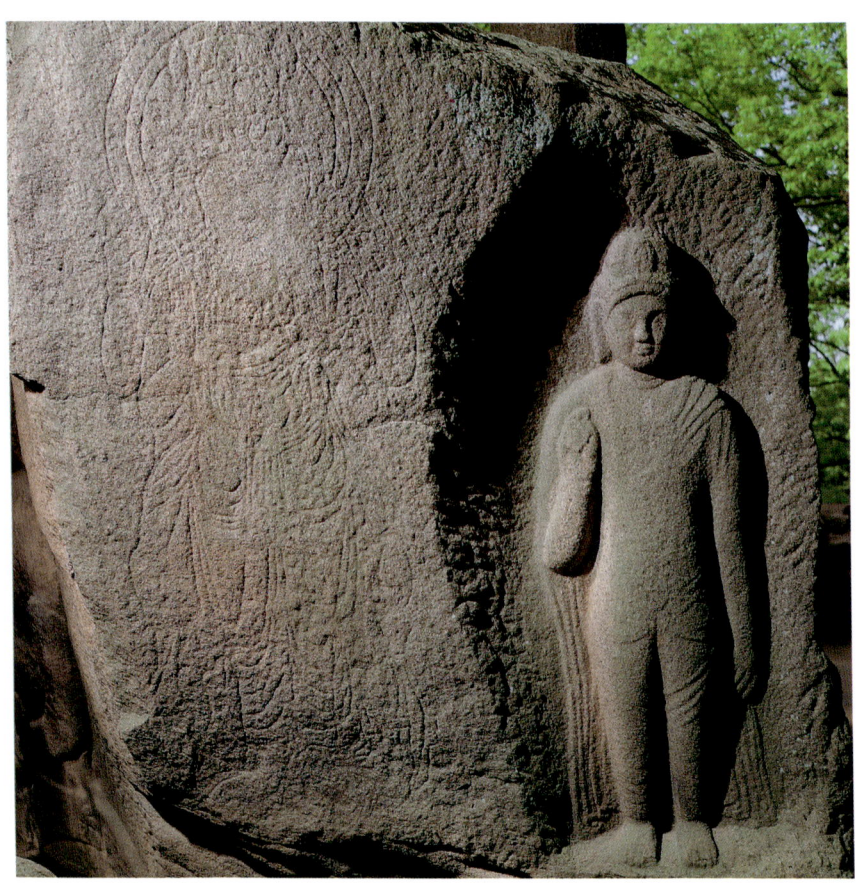

여의륜관음(如意輪觀音)

이 보살의 범명은 Cintā-mani-Cakra라 한다. Cintā는 사유(思惟), 소망(所望), 원망(願望), Mani는 보주(寶珠) 그리고 Cakra는 원(圓) 또는 륜(輪)의 뜻으로 곧 여의보주법륜(如意寶珠法輪)을 의미하는데 이것을 줄여서 여의륜이라 부른다.

이 보살은 뜻대로 무수의 진보(珍寶)를 낸다고 하는 여의보주의 경지에서 살며 언제나 법륜을 돌려 사람들을 교화하고 부귀, 재산, 세력, 지혜 등을 원하는 대로 받게 해준다고 한다.

관계 경전은 8세기 초 실차난타(實叉難陀)가 번역한 「여의륜다라니신주경(如意輪陀羅尼神呪經)」인데 여기에 의하면 여의륜관음의 공덕은 세간의 재물과 출세간의 재물이라는 두 종류의 재(財)를 만족시키는 것으로 세간의 재라는 것은 금, 은 등의 보물이고 출세간의 재라는 것은 복덕지혜(福德智慧)라 한다.

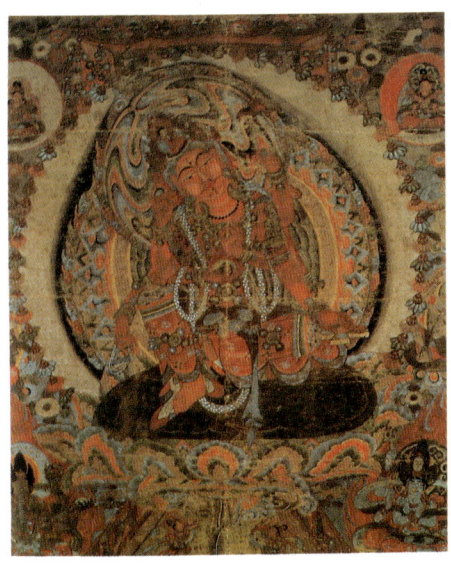

여의륜관음보살상 고개를 오른쪽으로 기울인 채 유희좌의 자세를 취한 6비의 여의륜관음상이다. 9 내지 10세기. 돈황 출토. 가로 58.2센티미터, 세로 70센티미터. 기메 동양 미술관 소장.

여의륜관음상 역시 현재 우리나라에서는 그 예가 없다. 다만 고려 불화 가운데 여의륜관음도라 명명된 관음도 1점이 일본 근진미술관 (根津美術館)에 전해지고 있어 주목된다. 이 그림은 관음의 자세와 복식만 조금 다를 뿐 고려의 수월관음도와 그 배경이 거의 같다. 여기에서 관음은 왼팔로 땅을 짚고 무릎을 세운 오른쪽 다리 위에 오른팔을 걸쳐 놓은 편안한 유희좌(遊戱坐)의 자세로 앉아 있다. 관음은 화불이 안치된 높은 보관을 쓰고 있는데 상반신에는 목걸이 와 영락, 팔찌 등의 장식과 간단한 천의 자락만 걸쳐 있을 뿐 거의

여의륜관음보살도 관음의 보관과 영락, 의상 등은 고려 불화의 일반 적인 세밀하고 정치한 면을 잘 드러내고 있다. 배경은 수묵으로 처리하고 여의륜관음과 선재동자 는 짙은 채색으로 처리하고 있는 이 그림은 특별히 감상용으로 제작한 것 같다. 고려. 일본 根津美 術館 소장.

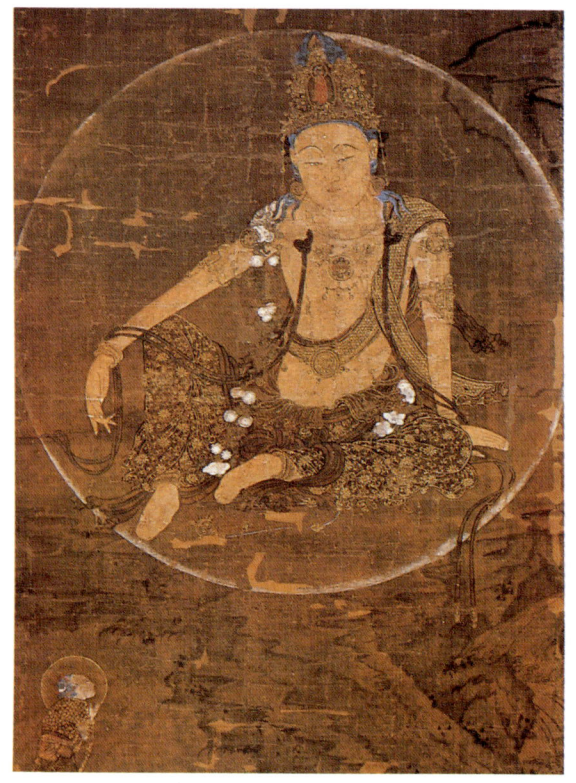

나신에 가깝다.

여기에서 볼 때 우리나라의 여의륜관음은 일본 등의 밀교 존상과는 달리 보편적인 관음의 모습을 갖추고 있는 것을 알 수 있다. 그러나 중국이나 일본의 불화 또는 조각의 예를 볼 때 이 관음은 대개 2비상 또는 6비상으로 표현된다. 6비상일 경우 오른쪽 첫째 손은 뺨에 대고 중생 구제의 생각에 잠겨 있고, 둘째 손은 여의보주, 셋째 손은 염주를 잡고 있으며, 왼쪽 첫째 손은 앉아 있는 산을 누르고 있고, 둘째 손은 연꽃, 셋째 손은 법륜을 갖는 것이 보통이다.

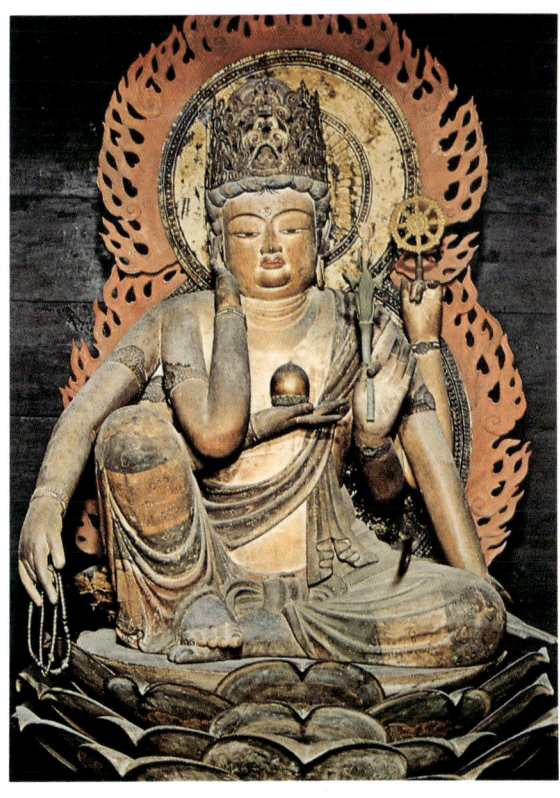

목조 여의륜관음보살상　平安시대 (9세기). 높이 108센티미터. 일본 大阪 觀心寺 소장. (「國寶」2 수록. 1964년 12월 1일)

마두관음(馬頭觀音)

이 관음은 범어로 Hayagrira-avalokiteśvara라 하는데 머리 위에 마두(馬頭)를 이고 있어서 마두관음 혹은 마두명왕이라 하며 대력지명왕(大力持明王)이라고 한역된다.

7세기 중엽에 한역된 「다라니집경(陀羅尼集經)」에 그 이름이 나타나는데 그 뒤 유일한 독립 경전으로는 「성하야흘리박대위노왕립성대신험공양염송의궤법품(聖賀野紇哩縛大威怒王立成大神驗供養念誦儀軌法品)」이 번역되었다.

고대 인도에서는 말을 신격화시킨 마신의 신앙이 강했는데 이러한 마신의 위력에 대한 신앙이 마두관음을 탄생시켰다고 본다.

마두관음은 무서운 분노의 형상을 지니고 있어 자비를 본원으로 하는 관음보살의 성격과는 상반되는 것 같지만 의궤에 의하면 이 보살은 분노의 형상으로 여러 가지 마장(魔障)을 부수고 일륜(日輪)이 되어 중생의 어두움을 비추고 고뇌를 단념시켜 준다고 한다.

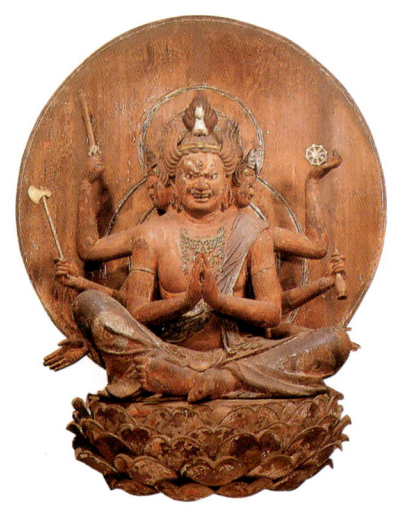

마두관음상 마두관음은 마두(馬頭)를 머리에 이고 있는 점에서 육도 가운데 축생도(畜生道)를 장악하게 되며 특히 말 등 가축류를 보호하는 보살이 된다고 한다. 일본 中山寺 소장.

그 뒤에 나타난 마두관음은 마두를 머리에 이고 있는 점에서 육도 가운데 축생도(畜生道)를 장악하게 되며 특히 말 등 가축류를 보호 하는 보살이 된다고 한다.

우리나라에서는 아직 이 마두관음상이 발견된 예가 없어 그 형상 을 알 수가 없지만 의궤의 기록이나 일본의 예로 보아 이 관음의 형상은 3면 2비, 3면 4비, 3면 8비 또는 4면 8비 등 여러 가지이며 정상에 마두가 안치된 것과 마두가 없이 분노의 상으로 표현되는 것이 있다.

44쪽 사진

우리나라에서는 밀교 미술이 크게 우세하지 않아서인지 밀교적인 변화관음 역시 몇 예를 제외하고는 그다지 많이 제작되지 않은 것으 로 보인다.

준지관음(准胝觀音)

준지는 범어로 Cundi라 하며 준제(准提) 또는 준니(准尼)라고 음역된다. Cundi는 청정이라는 뜻으로 심성 청정(心性淸浄)을 찬양 하는 여성 명사이며 모성을 상징한다고 설명하는 학자도 있다. 또한 이 관음은 준지불모(准胝佛母) 또는 칠구지불모(七俱胝佛母)라고도 불리우는데 구지(俱胝)라는 것은 천만 혹은 억을 가리키는 고대 인도의 수 단위로 칠구지라는 것을 무량무한대의 의미로 보아도 좋을 것이다.

이 관음은 자주 세상에 나타나 중생의 모든 재화(災禍)와 재난을 없애 모든 일을 성취시켜 주고 목숨을 연장시켜 주며 지식을 구하고 자 하는 소원을 이루어 준다고 한다.

준지관음의 명칭은 600년경 한역된 「종종잡주경(種種雜呪經)」에 보이지만 독립된 경전은 680년경 번역된 「칠구지불모심대준제다라 니경(七俱胝佛母心大准提陀羅尼經)」이 최초이다. 경전에 의하면 칠구지불이 미래에 태어나는 중생을 불쌍히 여겨 과거에 깨달음을 얻기 위해 읊은 효험 있는 「불모준지다라니(佛母准胝陀羅尼)」를 설한다는 내용이다.

다라니경에 언급된 준지관음의 형상은 3목 18비상(三目十八臂像)이 원칙이다. 18비의 여러 팔 가운데 신체의 두 팔은 설법인(說法印), 오른쪽의 한 손은 시무외인(施無畏印)을 취하고 나머지 손은 칼, 도끼, 여의보당(如意寶幢), 연화, 경협(經篋) 등 각기 다른 지물을 든 계인(契印)을 취한다.

준지관음 경상 동경에 새겨진 이 준지관음은 2목 12비의 형상인데 몸 앞의 두 손으로 설법인을 짓고, 오른쪽 첫째 손으로 시무외인을 짓고 있다. 관음은 연못에서 솟은 연꽃 위에 앉아 있는데 연못 좌우에 공양 인물상이 배치되어 있다. 고려. 국립중앙박물관 소장.

우리나라에서 준지관음의 조각상은 아직 발견된 적이 없다. 그러나 국립중앙박물관에 소장된 고려시대의 동경 가운데 준지관음상을 새긴 경상(鏡像)이 2점 전하는데 위 화상법의 규정과는 조금 차이를 보이고 있다. 그러나 일본의 준지관음은 모두 1면 3목 18비의 형상으로 얼굴에 눈이 셋 있고, 3개의 손은 수인(手印)을 짓고 15개 손은 각기 지물을 잡고 있어 경전에 충실한 도상임을 알 수 있다.

수월관음(水月觀音)

수월관음은 33관음의 하나로 일찍이 불교 미술의 주제로 채택되

어 왔다. 「대방광불화엄경」 '입법계품'에 "관음은 남해 바닷가에
면한 보타락산(補陀洛山)에 살며 중생을 제도하는 보살로 구법 여행
을 하는 선재동자(善財童子)의 방문을 받고 설법한다"는 내용이
있는데 이 장면을 도상화한 것이 수월관음도이다. 수월관음도는
관음 거주처의 아름답고 서정적인 배경으로 인해 특히 불화의 주제
로 애용되어 왔다.

우리나라에서는 다른 변화관음이 그다지 많이 제작되지 않았음에
비해 이 수월관음도는 고려시대부터 많이 그려져 왔다. 현존하는
단독 관음도는 몇 예를 제외하면 대부분이 수월관음도이다. 특히
고려의 수월관음도는 독특한 도상과 관음의 아름다운 자태, 정교하
고 치밀한 필치로 유명하며 우리나라 불화를 대표할 만한 작품들이
많이 남아 있다.

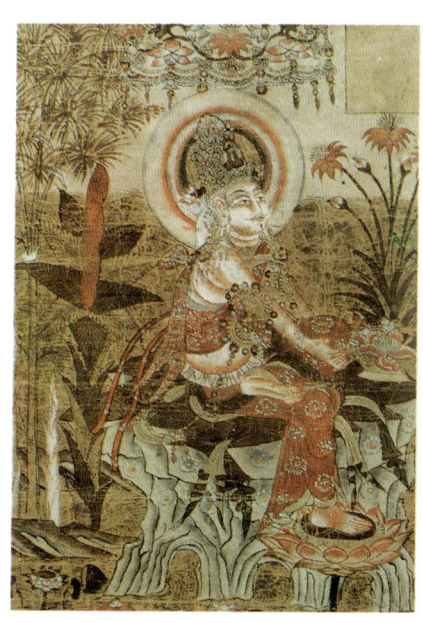

수월관음도 연못 중앙에 돌출한 바위 위에 앉아 두 팔로 무릎을 감싸안은 채 달을 쳐다보는 관음보살의 모습이다. 높은 보관, 화려한 꽃무늬의 의복 및 영락과 팔찌 등으로 장엄한 관음 그리고 주위의 이국적인 꽃과 나무, 또한 양식화된 바위의 모습 등 전체적으로 매우 장식적인 느낌이 강한 그림이다. 9세기 말 내지 10세기 초. 돈황 출토. 가로 53센티미터, 세로 36.9센티미터. 기메 동양미술관 소장.

47쪽 사진　중국 돈황 출토의 수월관음도는 두 팔로 무릎을 감싸안은 채 반가좌(半跏坐)의 자세로 바위 위에 걸터앉아 달을 쳐다보는 모습으로 그려졌다. 그러나 우리나라 수월관음도의 도상은 반가좌의 자세로 바위에 걸터앉은 관음보살이 예배하는 선재동자를 굽어보는 모습인데 팔로 무릎을 감싸지는 않는다. 관음 주위의 공간에는 버드나무 가지가 꽂힌 정병(浄瓶), 한 쌍의 청죽(清竹)과 새 등이 빠짐없이 등장하고 있다. 이러한 수월관음도는 조선시대에도 계속 제작되었는데 흥국사(興國寺), 마곡사(麻谷寺), 운흥사(雲興寺) 등의 사찰에서 그 예를 찾아볼 수 있다.

　이렇게 수월관음도는 불화로 많이 제작된 반면 조각 작품은 그다지 많이 만들어진 것 같지 않다. 현재까지 알려진 것으로는 동국대학교 박물관 소장의 청동 수월관음상이 유일한 예이다. 이 상은 두부(頭部)가 결실된 불완전한 것이지만 울퉁불퉁하게 표현된 바위의 표현, 반가좌의 자세 그리고 바위 끝에 조각된 정병 등 수월관음도의 도상이 충실하게 형상화된 작품이다.

청동 수월관음보살 반가상　고려.
동국대학교 박물관 소장.

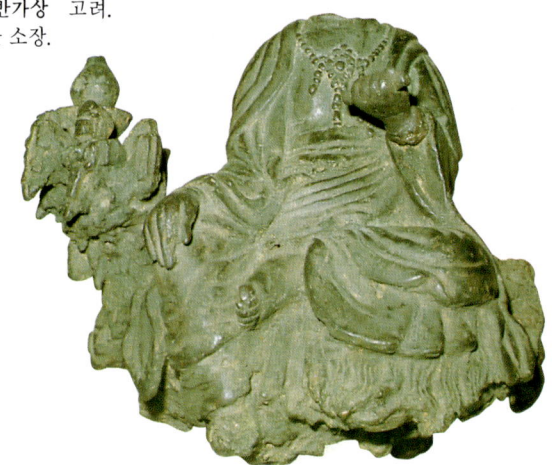

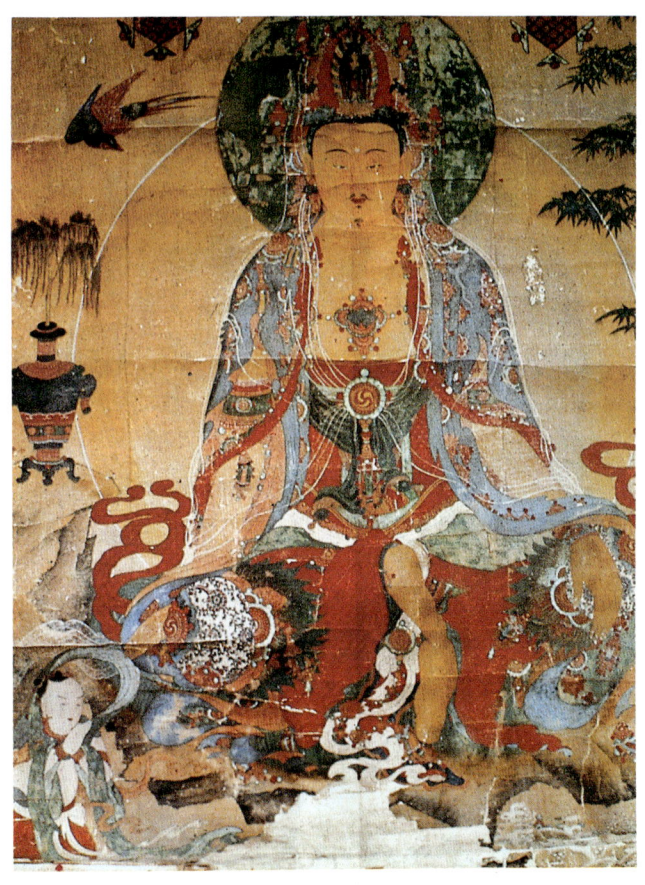

수월관음도 조선시대 후기의 수월관음도로 고려의 수월관음도에서와는 달리 정면관
을 취하고 있다. 화면의 아래에 관음을 예배하는 선재동자의 모습이 보이고, 관음
주위로 버들가지를 꽂은 정병, 새, 대나무 등이 배치되어 있다.

양류관음(楊柳觀音)

양류관음은 33관음 가운데 하나인데 약왕관음(藥王觀音)이라고도 부른다. 「청관음경(請觀音經)」에는 "비사리국(毘舍離國)에서 악질이 유행했을 때 사람들의 기원에 따라 관음이 나타나서 버드나무 가지를 정수(淨水)에 대며 병을 없애는 주문을 하였다"는 기록이 있는데 이로부터 양류관음이 질병 퇴치를 본원으로 하였다고 한다.

경전에서 말하는 양류관음의 도상은 오른손으로 버드나무 가지를 잡고 왼손은 손바닥을 밖으로 보이게 하여 왼쪽 가슴에 댄 모습이다. 양류관음 역시 주로 불화로 많이 제작되는데 버드나무 가지를 잡고 있거나 버드나무 가지를 꽂은 수병을 옆에 두고 바위에 앉아 있는 모습으로 표현된다. 따라서 수월관음도의 도상과 비슷하며 이러한 그림을 양류관음 또는 수월관음이라고 혼용하여 불러온 것 같다.

51쪽 사진
52쪽 사진

우리나라의 관음도 가운데 경전에서 말한 것과 똑같은 도상은 없지만 고려시대 혜허(慧虛)가 그린 관음도와 조선 초기 무위사(無爲寺)의 벽에 그려진 관음도 들은 모두 공양자를 내려다보고 있는 입상인데 오른손으로 버드나무 가지를 잡고 있다. 이 그림들은 관음과 공양자 이외에 주위 배경의 묘사가 없으며 또 버드나무 가지를 손에 잡고 있는 점 등이 수월관음도와 구별되어 양류관음으로 불러도 좋을 것이다.

백의관음(白衣觀音)

백의관음 역시 33관음의 하나로 꼽히는 보살인데 대백의관음(大白衣觀音), 백의관자재모(白衣觀自在母)라고도 불린다. 이 관음은 언제나 청정을 의미하는 흰 연꽃 위에 앉으므로 백처존(白處尊)이라고도 하는데 「대일경소(大日經疏)」 등의 밀교 경전에 그 이름이 보이고 있다.

양류관음도   혜허(慧虛)가 그린 이 관음도는 고려 불화 가운데 최대의 걸작으로 손꼽히고 있다. 버들가지와 수병을 잡고 공양자를 내려다보는 자세와 투명한 천의의 흐름, 화려 정교한 영락 장식 등이 어울려 우아한 귀족적인 분위기를 자아내고 있다. 또한 광배는 양류관음을 상징하듯 버들잎과 같은 모양으로 그려져 뛰어난 조형성을 보이고 있다. 일본 淺草寺 소장.

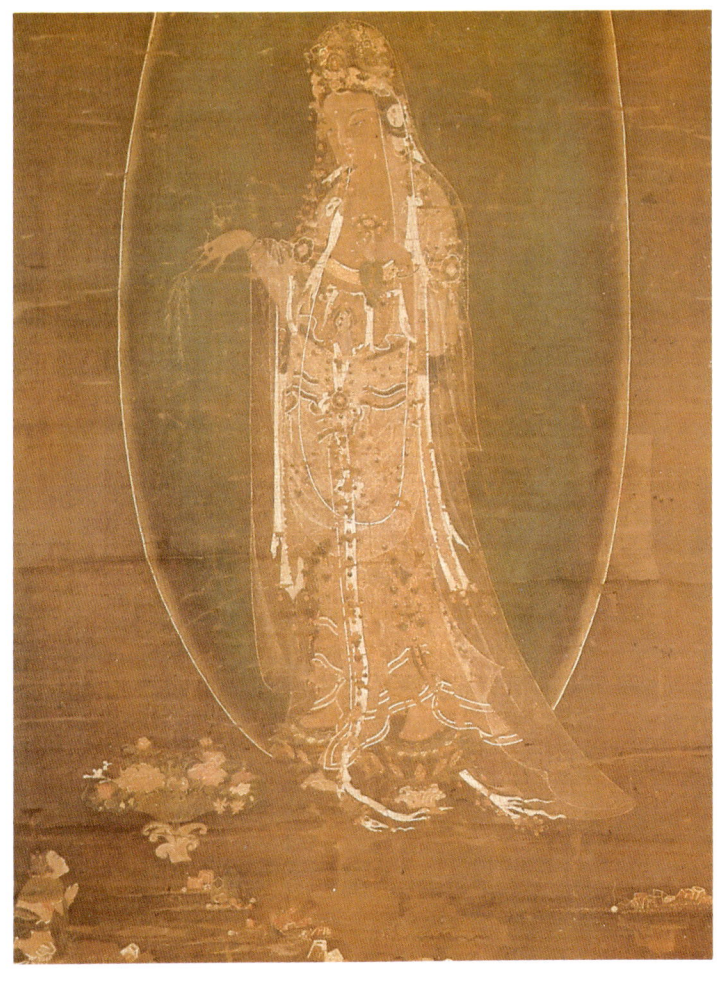

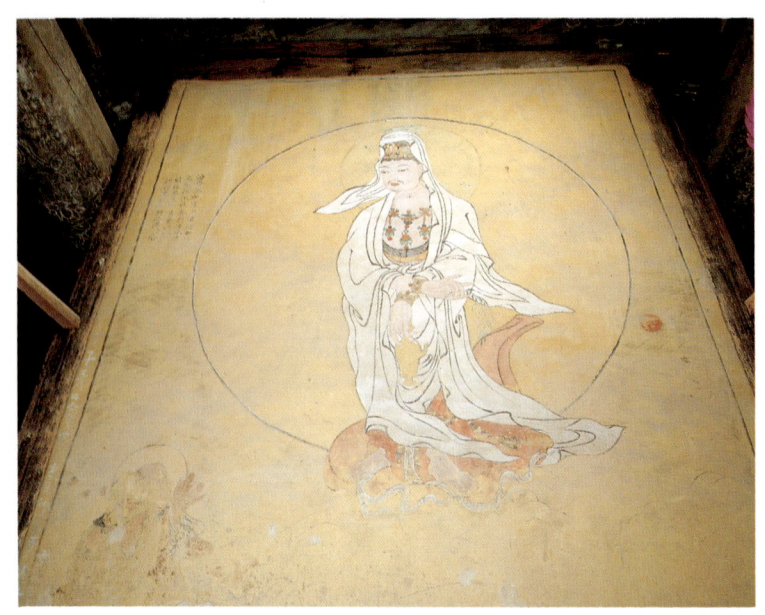

무위사 양류관음도 전남 강진 무위사
극락전의 후불벽 뒷면에 그려진 벽화이
다. 수면 위에 떠 있는 연꽃잎 같은
대좌 위에 서서 버들잎과 정병을 들고
노비구 모습의 공양자를 내려다보고
있다. 조선 초기의 작품으로 흩날리는
천의와 물결의 율동감 그리고 활달한
필치가 돋보이는 작품이다.(위, 아래)

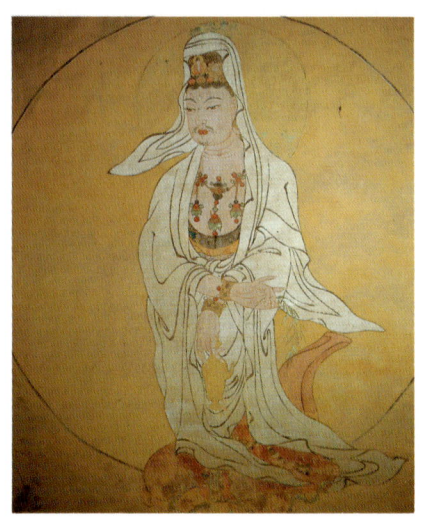

백의관음은 머리부터 백의를 걸친 아름다운 모습으로 만들어지며 구아(求兒), 안산(安産), 육아(育兒)의 기원을 들어 주는 보살로 신앙된다.

백의관음은 별도로 조상(造像)된다기보다 백의를 입었다는 점에서 불화 가운데 관음보살의 천의를 흰색으로 채색하는 것으로 표현된다. 조선시대의 불화에 등장하는 관음보살은 단독의 보살이나 협시보살 모두 흔히 흰 천의를 머리에서부터 내려쓰는 모습으로 표현되는데 일반적인 관음의 성격에 백의관음의 특징이 첨가된 것으로 생각된다.

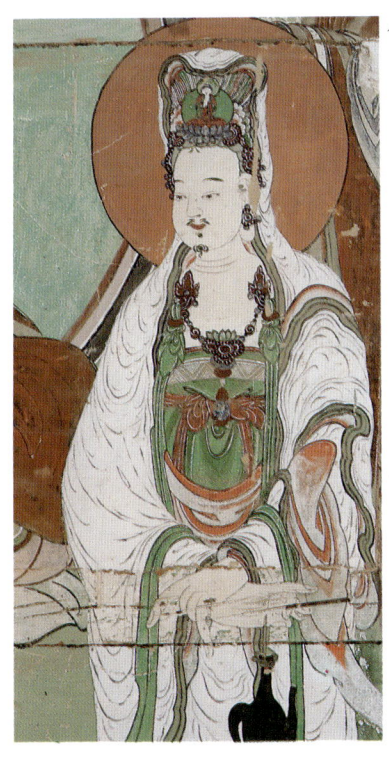

선운사 아미타 후불벽화의 관음보살 아미타 후불벽화의 관음보살이다. 조선시대 아미타불화 가운데 관음보살은 이처럼 흰 천의를 보관에서부터 내려쓰는 모습으로 그려지는 예가 많다. 조선(1840년). 전북 고창 선운사 대웅전 소재.

대세지보살(大勢至菩薩)

이 보살의 범명(梵名)은 Mahā-sthāma-prāta라 하는데 마하살타마 발라발다(摩詞薩駄摩鉢羅鉢跢)라 음역되며 대세지, 득대세(得大勢) 혹은 세지라고 번역된다. 국왕이나 대신같이 위세자재(威勢自在) 한 것을 대세라 하는데 이 보살의 대비자재(大悲自在)한 것을 여기 에 비교하여 대세지보살이라 일컫는다고 한다.

소의 경전과 형상의 특징

세지보살은 관음보살과 함께 아미타여래의 협시보살로 잘 알려져 있다. 따라서 세지보살은 아미타삼존상에서 아미타불의 협시보살로 많이 제작되었지만 독립된 예배 대상이나 본존으로 제작되거나 신앙되는 예는 거의 없다.

또한 세지보살에 대한 독립된 경전도 없다. 「관무량수경」에 "이 보살의 몸은 관음과 같으며 원광(圓光)을 지녀 널리 비추고 있다. 머리 정상의 육계 위에 보병(寶瓶)이 하나 있다. 그 밖의 신체의

56, 57쪽 사진

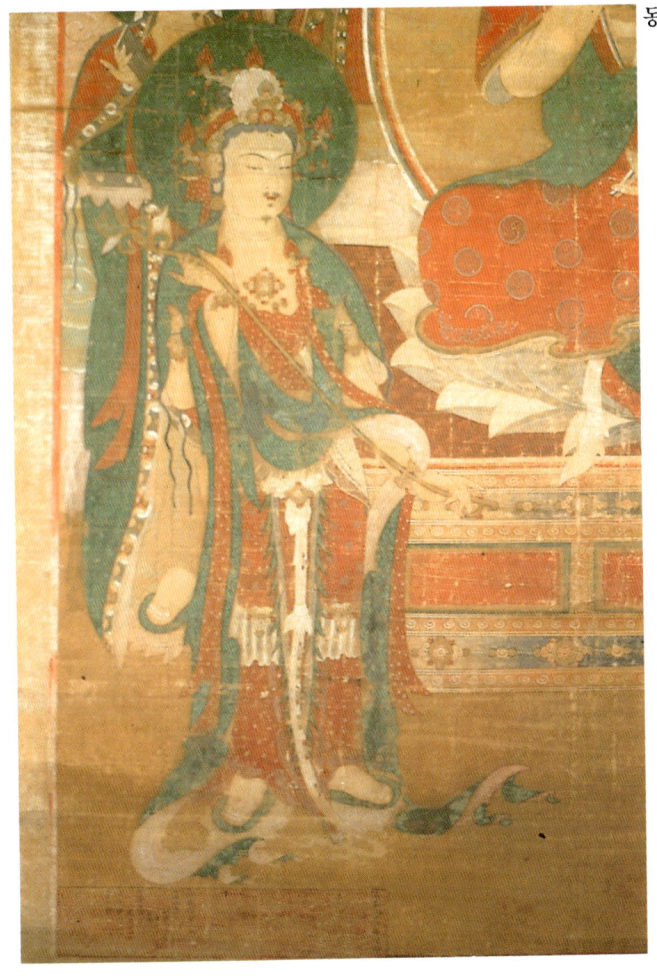

동화사 아미타불화의 세지보살상 조선시대 아미타불화의 오른쪽 협시보살로 그려지는 세지보살은 지물로 경책을 들고 있는 것이 많다. 이 불화 역시 세지보살이 줄기가 긴 연꽃 위에 경책을 받쳐 들고 있다. 조선(1703년). 가로 235센티미터, 세로 280.5센티미터. 국립중앙박물관 소장.

모습은 관음과 같다"라고 설명되어 있을 뿐이다.

   곧 아미타불의 협시보살로서의 세지보살은 관음의 모습과 거의 동일한데 다만 관음의 보관에 화불이 있음에 비해 세지의 보관에는 보병이 얹혀 있는 점이 특징이라 하겠다.

58, 59쪽 사진

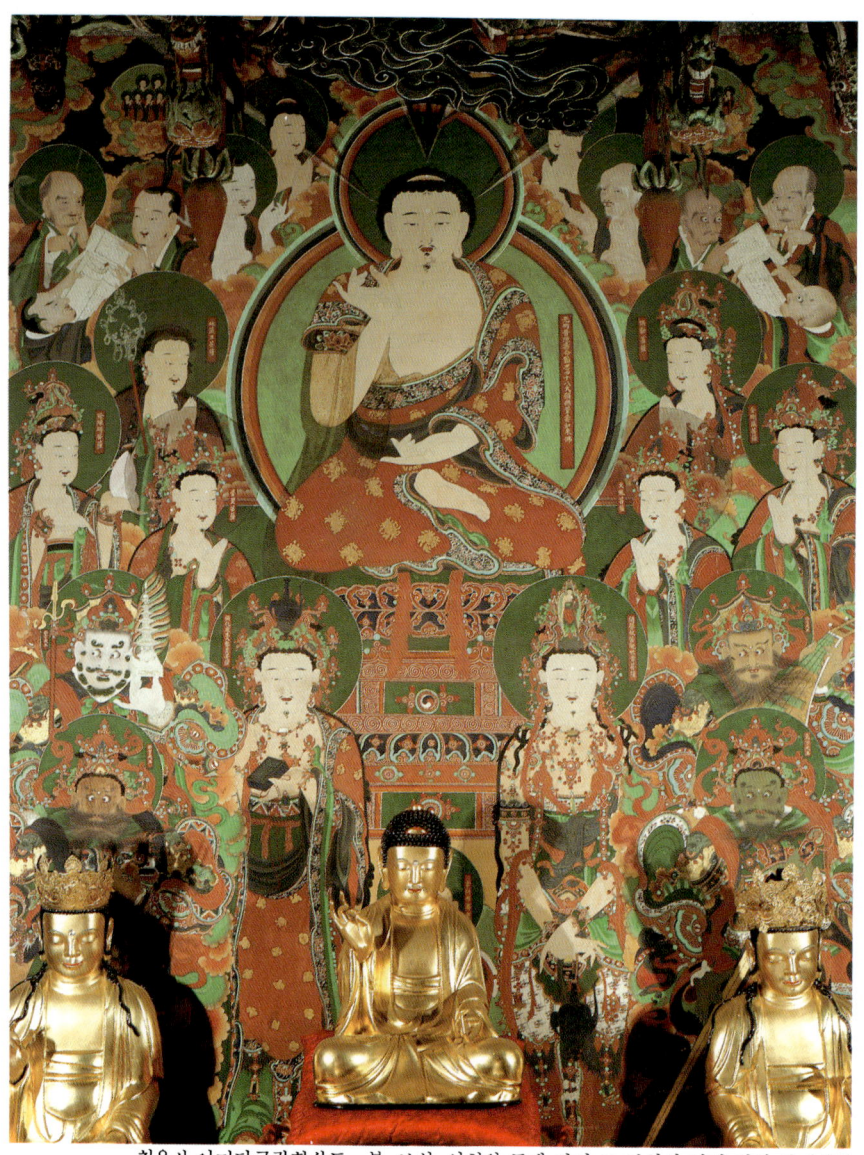

천은사 아미타극락회상도　불, 보살, 사천왕 등에 각기 그 명칭이 적혀 있어 아미타불
화의 도상 연구에 대단히 중요한 작품이다. 1776년. 가로 277센티미터, 세로 360
센티미터. 전남 구례 천은사 극락전 소재.

천은사 아미타극락회상도의 관음
　보살　광배에 "문성구고관세음
　보살(聞聲救苦觀世音菩薩)"이라
　고 명칭을 적어 놓아 관세음보
　살임을 확실히 하고 있다. 보관
　에 입상의 화불을 새기고 보병
　을 지물로 잡고 있다.

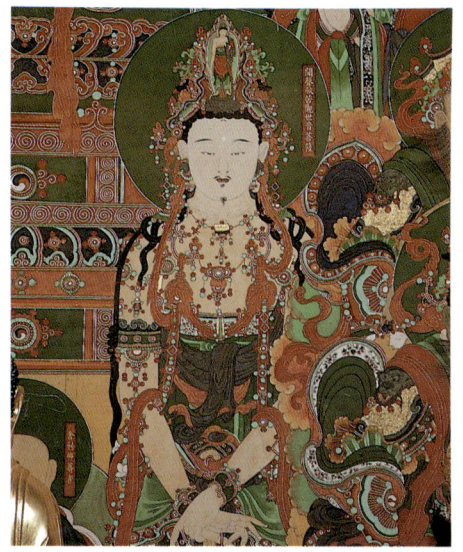

천은사 아미타극락회상도의 세지
　보살　역시 광배에 "섭화중생
　대세지보살(攝化衆生大勢至菩
　薩)"이라고 명칭이 적혀 있
　다. 보관에 큼직한 보병이 표시
　되어 있고 손에 경책을 지물로
　들고 있다.

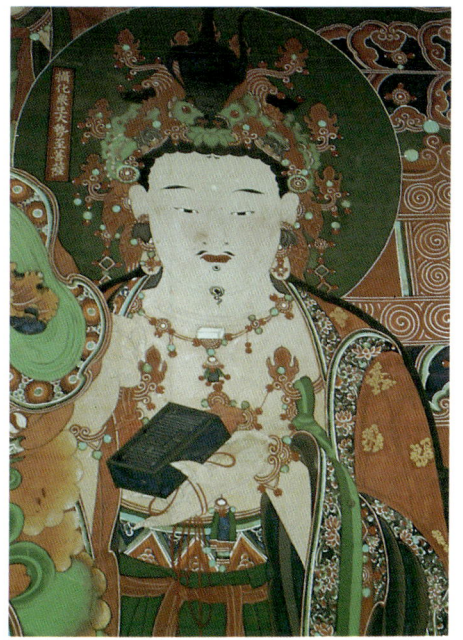

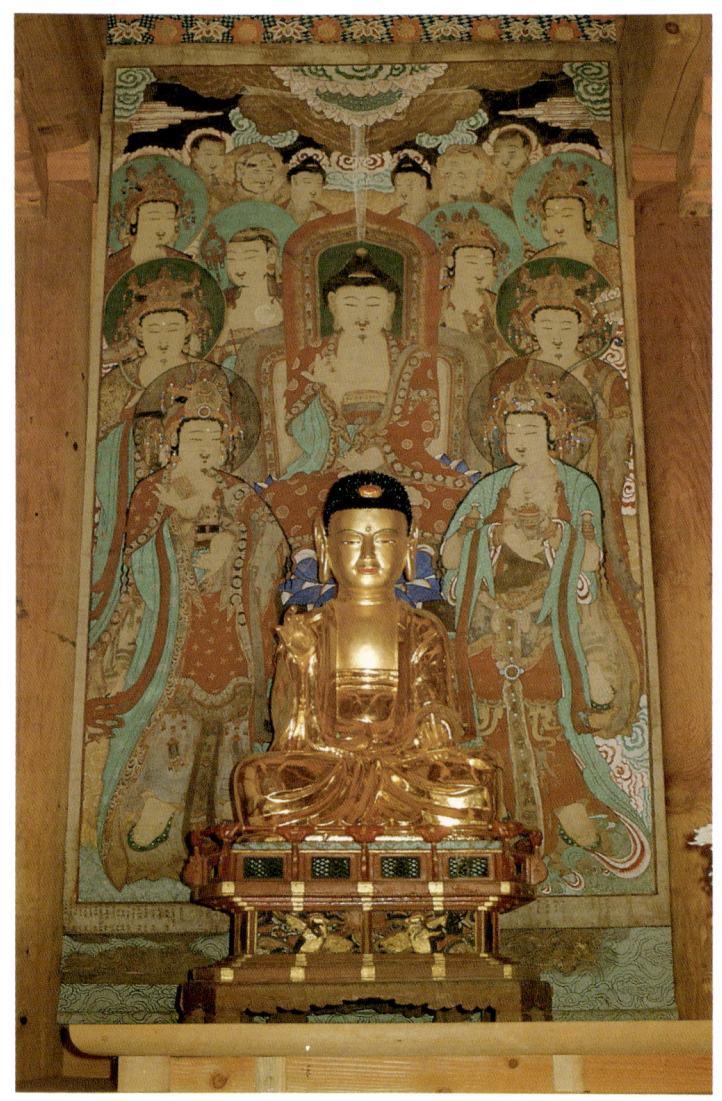

58 대세지보살

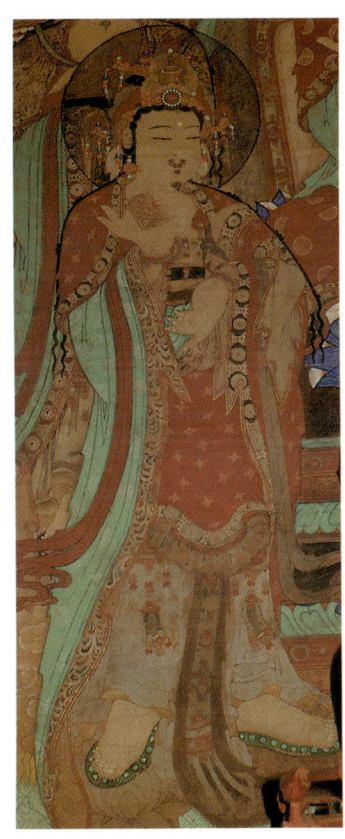
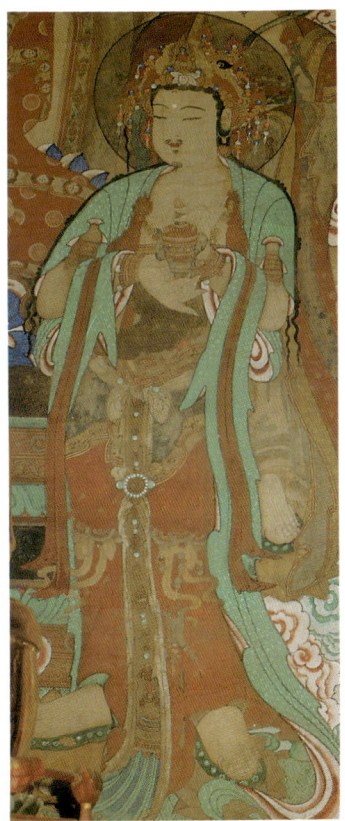

광덕사 아미타극락회상도　아미타여래 좌우에 8대보살과 4성문과 타방불만이 배치된
간략한 형식의 아미타극락회상도이다. 대웅전 안에 영산회상도, 약사불회도와 함께
봉안되어 있다. 왼쪽은 아미타극락회상도의 전체 모습이고, 위 왼쪽은 세지보살, 오른
쪽은 관음보살의 모습이다. 1741년. 가로 182센티미터, 세로 326센티미터. 충청남도
천원군 광덕사 대웅전 소재.

주요 작품

우리나라에서는 정토 사상의 유행으로 아미타삼존상이 많이 제작되었다. 그 가운데 세지보살의 도상이 잘 표현된 대표적인 예로 서악(선도산) 삼존불, 군위 삼존 석불 그리고 굴불사지 사면석불 가운데 서면의 아미타삼존상 등을 손꼽을 수 있다.

이들은 경전에서 설한 대로 보관에 보병이 새겨져 있거나 혹은 보병을 지물(持物)로 잡고 있다. 그런데 조선시대 아미타불화에 그려진 세지보살은 보관에 보병이 새겨진 점은 같으나 지물로 경책(經册)을 든 경우가 많이 눈에 띄고 있어 조선시대 세지보살의 지물로 보병 외에 경책이 더 첨가된 특징을 보이고 있다.

군위 삼존 석굴(軍威三尊石窟)의 세지보살상

61쪽 사진 제2의 석굴암으로 알려진 경북 군위의 석굴에는 아미타삼존상이 안치되어 있다.

국보 109호로 지정된 이 삼존불은 조각 양식을 보아 통일 직후인 7세기 후반에 제작된 것으로 추정된다.

중앙의 아미타불은 사각대좌 위에서 항마촉지인(降魔觸地印)을 하고 있는 당당한 모습이며 좌우 협시보살은 본존보다 작게 표현된 입상이다. 두 보살은 양팔의 자세가 반대이고 보관의 표현만 다를 뿐 거의 같은 모습이다. 관음보살의 보관에는 화불이 표현되고 세지보살의 보관에는 보병이 표시되어 있어 도상의 충실한 계승을 보여주고 있다.

풍만한 얼굴과 건장한 신체, 본존 쪽으로 약간 몸을 비튼 삼굴(三屈) 자세의 시도 그리고 옷주름 표현 등의 수법이 중대 신라 조각의 능란함과 세련된 표현에는 못미치나 전반적으로 신라 통일 직후의 강건한 기풍이 잘 드러나 있는 작품이다.

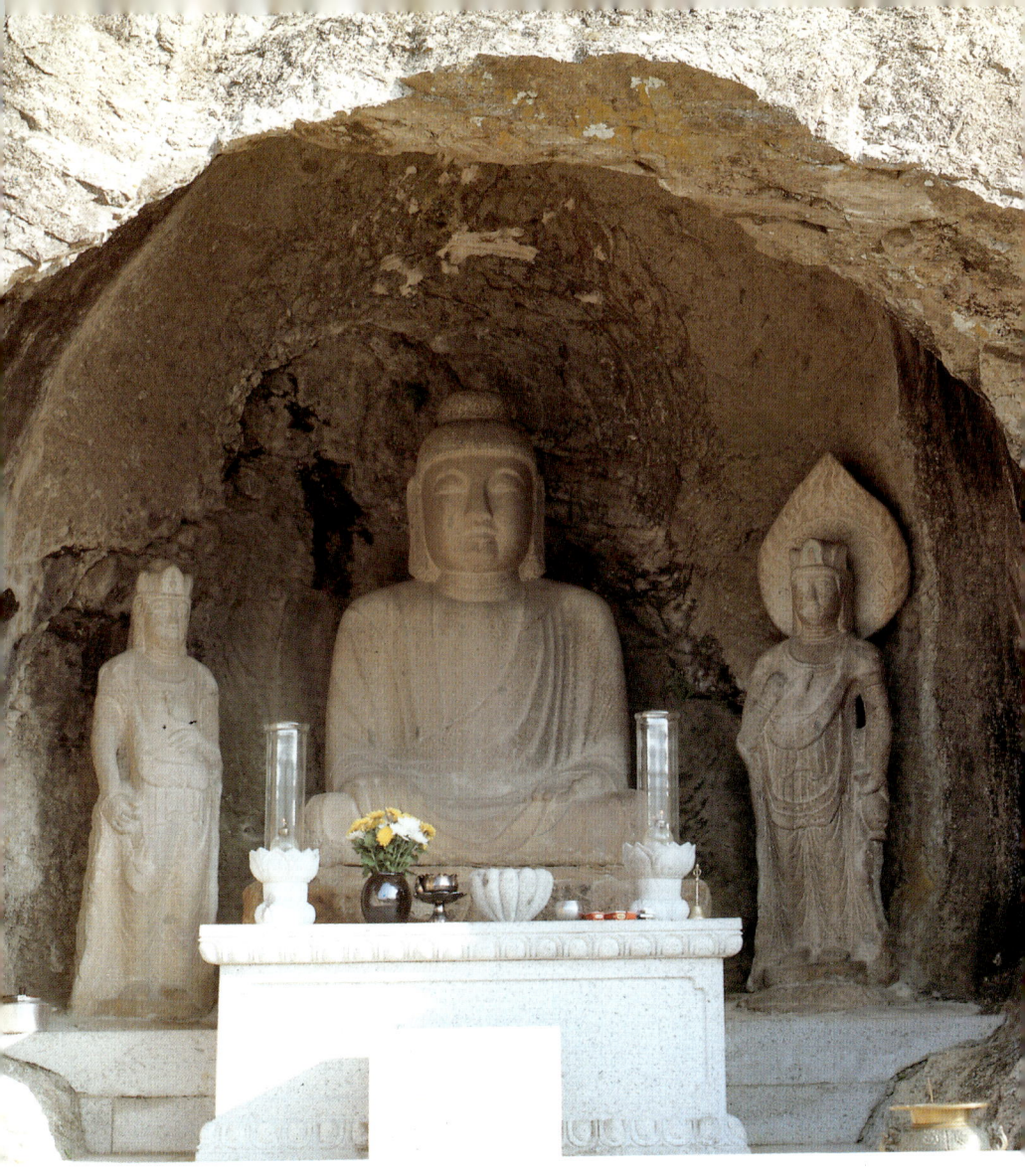

군위 석굴의 아미타삼존상 본존불은 우리나라에서 처음으로 항마촉지인을 취한 불상으로 조각사적인 의의가 큰 작품이다. 관음보살과 세지보살은 자세와 표현 기법이 거의 같고 좌우 대칭적인 모습이다. 세지보살의 보관에 보병이 새겨져 있고 관음보살은 보병을 지물로 잡고 있다. 통일신라. 경북 군위 소재.

굴불사지 사면석불의 서면 아미타삼존불 입상　현재의 세지보살은 머리와 왼팔이 없는 등 크게 손상을 입은 상태여서 보관의 모습을 확실히 알 수가 없다. 그러나 관음보살이 쓴 높은 3면 보관의 형태로 미루어 세지보살의 보관도 같은 모습일 것으로 추정된다.

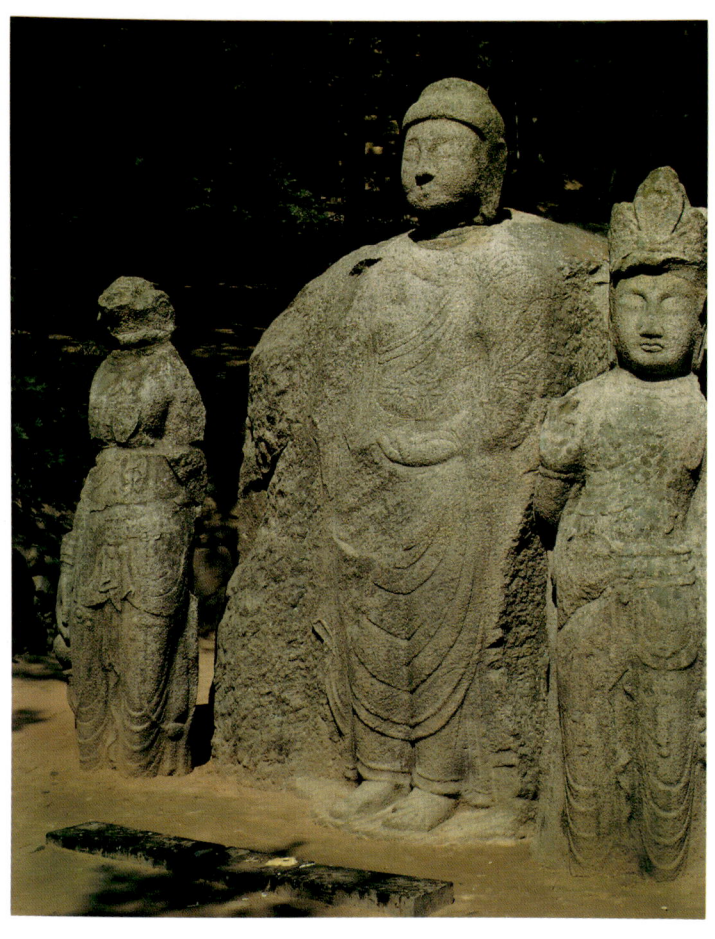

굴불사지 사면석불(掘佛寺址四面石佛)의 세지보살상

굴불사지의 유래는 「삼국유사」권 제3 탑상(塔像) 제4의 '사불산 굴불산 만불산조(四佛山 掘佛山 萬佛山條)'에 "경덕왕이 백률사에 거동할 때 산 밑에 이르렀더니 땅 속에서 염불하는 소리가 들리므로 명해서 파게 하니 큰 돌이 있는데 사면에 사방불이 새겨져 있었다. 이 때문에 여기에 절을 세우고 절 이름을 굴불사라고 했다"라는 내용에 의한 것이다.

그러므로 이 사방불은 작품과 역사 기록이 부합되는 것으로 그 제작 연대(경덕왕대;742~765년)도 알 수 있을 뿐만 아니라 당시의 사방불 신앙의 형태를 살펴볼 수 있는 등 여러 점에서 중요성을 지니는 작품이다.

이 삼존불상은 서(西)면에 조각된 삼존불입상이다. 중앙의 본존불은 부조(浮彫)인 반면 좌우 협시보살은 사면석불과는 다른 별개의 돌에 조각한 환조(丸彫)이다.

62쪽 사진

현재의 세지보살은 두부(頭部)와 왼팔이 없는 등 크게 손상을 입은 상태여서 보관의 모습을 확실히 알 수가 없다. 그러나 관음보살이 쓴 높은 3면 보관의 형태로 미루어 세지보살의 보관도 같은 모습일 것으로 추정된다. 또한 이 세지보살은 팔을 다리쪽으로 내려 몸에 붙인 채 손으로 보병을 잡고 있다.

자연스럽게 흘러내린 옷주름의 율동감 있는 처리와 X자형으로 걸쳐진 영락 장식 등 8세기 전반기의 세련된 조각술을 잘 보여 주는 작품이다.

지장보살(地藏菩薩)

지장보살의 범명(梵名)은 Kṣitigarbha로 kṣiti는 땅을 의미하고 garbha는 태(胎) 혹은 자궁(子宮)이라 번역되며 포장(包藏)한다는 의미를 가리킨다. 곧 지장은 대지와 같이 만유(萬有)의 모체이며 만유를 평등하게 자라게 하고 성취시키는 힘을 갖는 것이라는 의미이다.

이러한 대지의 덕(德)을 의인화한 지장보살은 인도 신화 가운데 브라만교의 지천(地天)에서 유래된 것이다. 지천은 인도 아리안족의 신화에서 최고의 여신으로 대지를 신격화시킨 것이다. 원명은 Pr-thivi(比里底毘)라 하며 12천 가운데 하나로 범천(梵天, Brahman)은 상방(上方) 곧 천(天)을 수호하는 신인데 반해 지천은 하방(下方)의 지(地)를 수호하고 대지신녀(大地神女)의 이름에 의해 재산을 모으고 병을 치료하고 적을 항복시킬 때에 초청되는 여신으로 신앙된다.

이러한 인도의 지신(地神)에 대한 신앙이 불교에 습합되어 이상화된 뒤 대승불교에 이르러 불교의 체계 속에 완전히 정착된 것이 지상보살이다.

소의 경전과 성격

지장보살 신앙의 근본 경전은 「불설대승대집지장십륜경(佛說大乘大集地藏十輪經)」 「지장보살본원경(地藏菩薩本願經)」 그리고 「점찰선악업보경(占察善惡業報經)」인데 이들을 '지장삼부경'이라 한다. 이 가운데 「지장십륜경」과 「본원경」에 잘 나타나 있듯이 지장은 석가불이 입멸하여 56억 7천만 년이 경과한 뒤 미륵이 출현할 때까지의 무불시대(無佛時代) 동안 일체 중생을 구제하도록 석가로부터 의뢰받은 보살이다.

그러므로 지장 신앙의 특색은 「십륜경」에 "이 땅의 말법(末法)의 가르침이 된다"고 기록된 것처럼 불(佛)이 없는 말법의 세계를 구원하는 보살로서 모든 장소에서 몸을 변화하여 나타나 육도윤회(六道輪廻)에서 고통받는 중생을 구한다는 점에 있다.

경전에서 설한 지장보살의 이익을 살펴보면 「십륜경」에서는 음식, 의복, 의약 등을 충족하게 하며 병을 제거한다고 하고, 「본원경」에서는 지장상을 공양하면 토지가 풍족하고 집안이 영원히 평안하며 장수하고, 수화(水火)의 재앙도 없다는 등의 10가지 일상적인 현세 이익을 열거하고 있다. 그러나 지장보살의 이익 가운데 가장 중요한 것은 이러한 현세 이익보다도 육도(六道)의 고통에서 헤매는 중생을 제도하는 데 있다. 특히 육도 가운데 가장 고통이 심한 지옥의 중생 제도가 지장 본원(本願)의 특색이라 하겠다.

「지장보살본원경」과 같은 경전에 의하면 지장보살은 전세에 대장자(大長子)의 자식 혹은 바라문(婆羅門)의 딸이었다고도 하고 왕자 또는 광목녀(廣目女)라는 여성이었다고도 한다. 이들은 모두가 죄고(罪苦)로서 고생하는 중생을 제도하려는 뜻을 지녀 전세에 중생제도의 서원을 세워 현세의 악업(惡業)으로 인해 지옥에서 고통받는 중생을 제도해서 극락으로 인도해 주는 지장보살이 되었다 한다.

형상의 특징

지장보살의 형상은 다른 보살과는 확연히 구분되는 특징적인 것인데, 머리에 보관을 쓴 모습이 아니라 민머리의 성문 비구형(聲聞比丘形)이 일반적인 모습이며 지물로는 석장(錫杖)과 보주(寶珠)를 들고 있다. 이러한 지장보살의 형상은 여러 경전에서도 나타나 있다.

「지장십륜경」에는 "지장보살과 그 권속들이 모두 성문의 모양을 하고 여기에 오기 위해 신통력으로 이같은 변화를 나타낸 것이니라" 하고 또 「지장보살의궤」에서는 "다음에는 화상법을 설명한다. 성문 형상이 되고 가사를 걸치고 단은 좌견(左肩)을 덮는다"는 등의 내용이 기록되어 있어 이러한 성문 비구형이 지장보살의 보편적인 형상임을 알 수 있다.

67쪽 사진

그런데 이러한 비구형의 모습과는 또 다른 모습으로 표현되기도 하는데 곧 머리에 두건(頭巾)을 쓴 형상이다. 이 두건을 쓴 지장보살은 주로 우리나라나 중앙아시아의 투르판(Turfan) 지방 그리고 돈황(敦煌)에서 유행한 독특한 도상인데 중국 본토와 일본 등에서는 거의 발견되지 않고 있다. 우리나라에서 두건 쓴 지장보살상은 고려와 조선 전기에 많이 조성되었으며 조선조 후기에는 대부분이 비구형으로 제작되었다.

지장보살은 보통 석장과 보주를 지물로 들고 있다. 석장(Khak-khara)은 원래 불가에서 행도걸식(行道乞食)할 때나 보행시 벌레나 짐승들이 밟히지 않도록 일깨우는 데 사용하는 나무 지팡이인데 윗부분에 금속 고리가 달려 있어 석장을 흔들면 이 고리들이 부딪쳐 소리가 나게 된다. 이 밖에도 석장은 티벳 밀교에서는 주술적인 기능을 갖는 것으로 석장의 소리는 사악한 것들을 물리치고 법을 수호하는 역할을 한다고 믿어져 왔다. 또한 중국에서는 주로 조상의

구원을 위한 의식에서 사용되어 죽은 자가 갇혀 있는 방문을 열도록
한다는 의미를 갖고 있다.

보주는 여의보주(如意寶珠, Cintāmani)라고도 하는데 붓다의 진리
와 법을 상징하며 모든 소원을 들어 주는 구슬로 믿어져 왔다. 지장
보살의 지물로 보주가 채택된 것은 지옥에서 벗어나고자 하는 중생
들의 소원을 들어 준다는 의미일 것으로 믿어진다.

조형상으로 표현될 때 이들 두 가지 지물이 모두 표현되는 경우와
보주만 표현되는 경우가 있는데 조각에서는 주로 후자의 도상이
채택된다.

중생들을 지옥의 고통에서 구제해 주는 명부(冥府)의 구세주로서
신앙되는 지장보살은 조각이나 회화에서 여러 가지 형식으로 표현
된다.

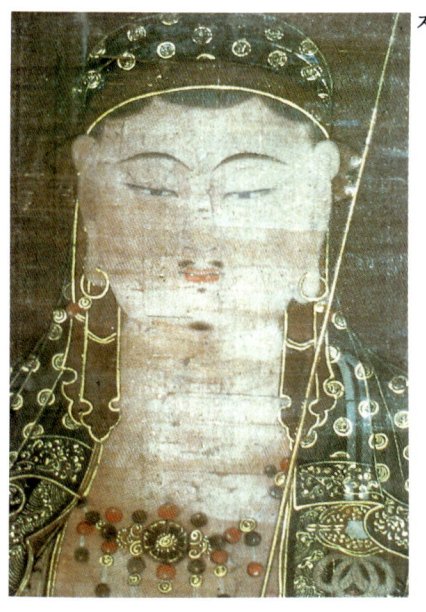

지장보살도 머리에 두건을 쓴 모습
의 지장보살상이다. 이렇게 두건
쓴 지장보살은 고려 불화에서
흔히 볼 수 있다. 그러나 조선시대
의 지장보살은 대부분이 성문
비구형이다. 고려. 일본 根津美術館
소장.

첫째, 지장보살의 단독상인데 조각일 경우 주로 좌상이 많이 남아 있다. 단독 지장상의 대표적인 예로 전남 고창 선운사(禪雲寺)의 지장보살 좌상 2점을 비롯해 많은 작품이 남아 있다. 또한 고려시대의 불화 가운데는 일본 근진미술관(根津美術館)의 지장도와 선도사(善導寺)의 지장도 등이 유명하다.

67쪽 사진

둘째, 아미타삼존의 우협시보살로 지장보살이 표현되는 경우이다. 아미타불의 협시보살은 관음과 대세지보살이 보편적이지만 고려나 조선시대에는 중생을 지옥에서 구제하여 극락으로 인도한다는 지장보살 신앙이 크게 각광을 받아 아미타불의 협시보살로 등장하는 예가 많다.

신륵사 지장삼존상 명부의 구세주인 지장보살은 사찰에서 명부전의 주존으로 봉안되는데 좌우에 도명존자와 무독귀왕이 협시하여 삼존을 이룬다. 조선. 경기도 이천 신륵사 명부전 소재.

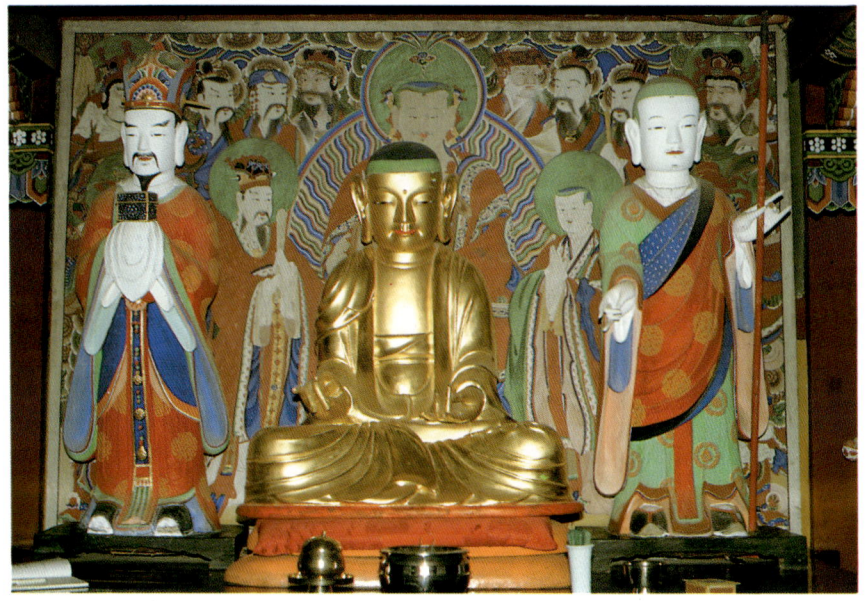

금동 아미타삼존불 좌상의 지장보살상

동국대학교 박물관 소장의 이 작품은 관음과 함께 아미타불의 협시보살로 지장보살이 배치되는 아미타삼존불상이다. 지장보살은 설법하고 있는 중앙의 아미타불 옆에서 고개를 숙이고 두 손을 포개어 무릎 위에 놓은 선정(禪定)의 자세를 취하고 있는데 지물로 보주를 잡고 있다. 고려시대 지장보살상의 형식으로 흔히 표현되는 머리에 두건을 쓴 모습이다.

작은 크기의 작품이지만 연화좌 위에 배치된 삼존의 구도가 돋보이고 엄숙하면서도 단정한 자세, 옷주름과 영락 등의 세부 양식들이 잘 표현된 우수한 작품이다.

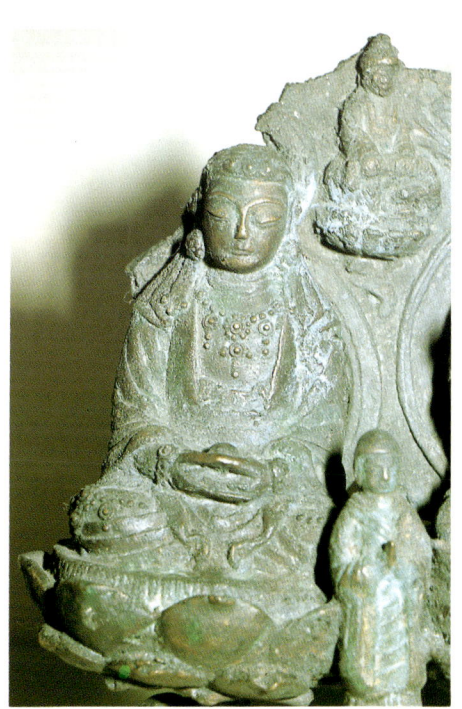

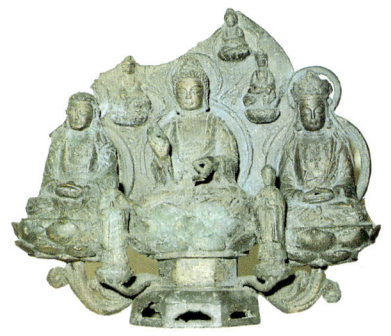

금동 아미타삼존불 좌상 지장보살은 설법하고 있는 중앙의 아미타불 옆에서 고개를 숙이고 두 손을 포개어 무릎 위에 놓은 선정의 자세를 취하고 있다. 고려. 높이 21.5센티미터. 동국대학교 박물관 소장.(왼쪽, 위)

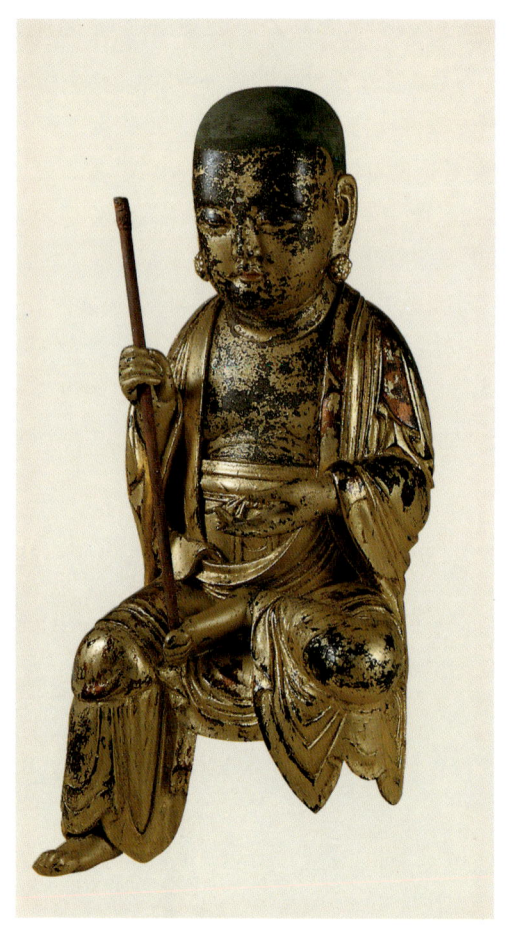

목조 지장보살 반가상 성문 비구형의 지장으로 오른손에 석장을 지물로 잡고 있고 왼손은 배 부근으로 올리고 있다. 체구에 비해 다소 큰 편인 두상은 근엄하면서도 원만한 상호를 갖추고 있고 신체를 감싼 천의에 표현된 주름은 이완된 흐름을 보인다. 조선. 높이 49센티미터. 동국대학교 박물관 소장.

목조 지장보살 반가상

이 상은 높이가 49센티미터로 소규모인데 오른발을 아래로 내린
반가좌(半跏坐)의 자세를 취하고 있다. 성문 비구형의 지장으로
오른손에 석장을 지물로 잡고 있고 왼손은 배 부근으로 올리고 있
다. 체구에 비해 다소 큰 편인 두상은 근엄하면서도 원만한 상호를
갖추고 있고 신체를 감싼 천의에 표현된 주름은 이완된 흐름을 보이
고 있다.

74쪽 사진

양식상 조선 초기의 작품으로 추정되는 이 지장보살상은 체구에
비해 머리가 커서 신체의 비례가 조금 어색하지만 전체적으로 자연
스러운 자세나 원만한 상호 그리고 신체 각 부분과 옷주름의 부드러
운 표현 등 명부 구제자로서의 지장의 모습이 잘 표출되어 있는
상이다.

무위사 아미타삼존벽화의 지장보살

전남 강진 무위사 극락전의 후불벽에 그려진 아미타삼존도로
지장보살이 아미타불의 우협시보살로 그려졌다.

76, 77쪽 사진

1476년에 그려진 이 벽화는 지장이 아미타불의 협시로 배치되는
신앙 형태와 작품이 드문 조선 초기의 불화 양식을 알려 주는 대표
작이다.

관음과 지장의 모습은 고려 불화에서 보이는 양식을 충실히 계승
하고 있는데 지장보살이 쓴 두건의 형태나 왼손에 보주, 오른손에
석장을 잡은 자세, 천의의 표현 등에서 고려 불화의 영향을 느낄
수 있다.

따라서 이 작품을 통해 조선 초기에도 고려 말의 전통을 이어
지장이 아미타의 협시보살로 자주 등장함을 알 수 있고 또한 양식적
인 면에서 고려시대 불화 양식의 전통에 새로운 표현이 더해진 조선
초기 불화 양식을 살펴볼 수 있다.

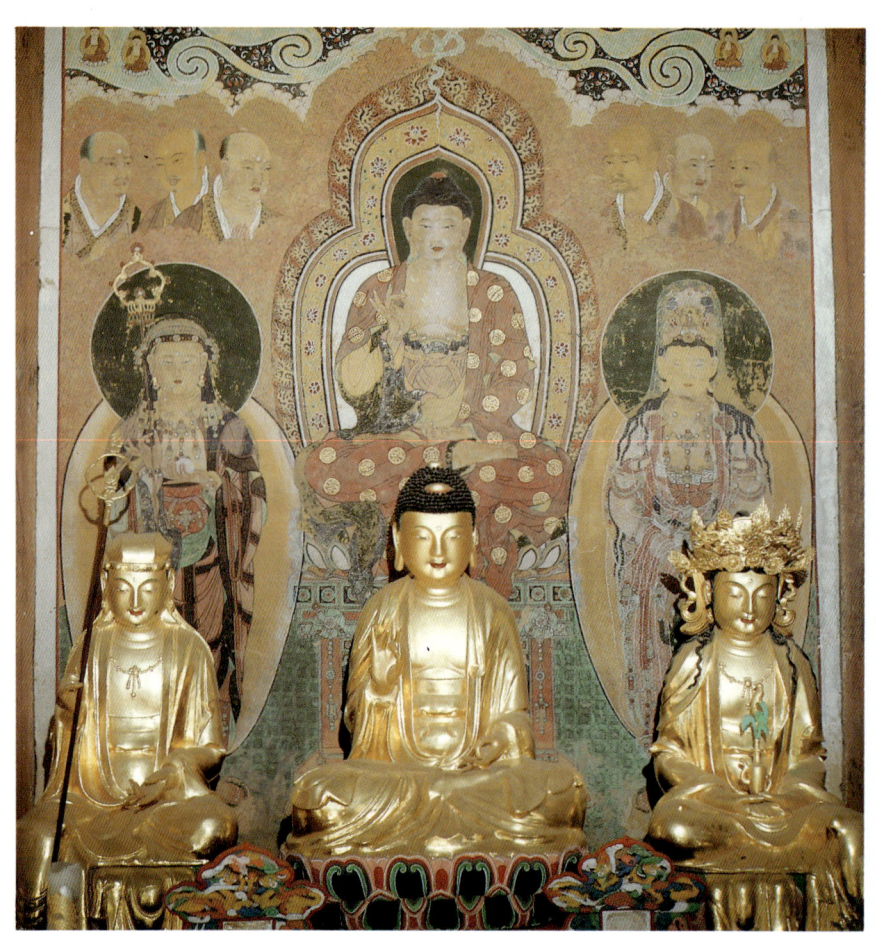

무위사 아미타삼존상 및 아미타삼존 후불벽화 아미타여래의 오른쪽 협시보살로 지장
보살이 배치된 예이다. 조선 전기에 그려진 이 후불벽화에는 고려시대의 양식이 많이
남아 있다. 조선(1476년). 전남 강진군 무위사 극락보전 소재.

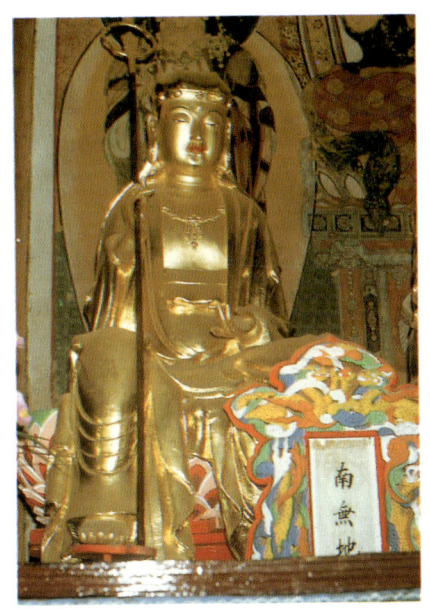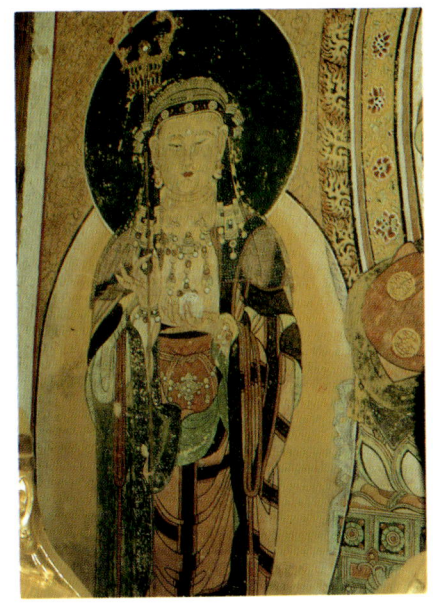

아미타삼존상의 지장보살상 반가좌의 자세로 앉아 오른손으로 석장을 잡고 있다.
  미소를 머금은 단정한 모습으로 표현되어 있다.(왼쪽)
아미타삼존 후불벽화의 지장보살 벽화 지장보살상의 뒤에 있는 벽화의 지장보살 모습
  이다. 벽화의 앞에 모셔진 상과 같은 두건을 쓴 모습이다.(오른쪽)

목조 아미타삼존불감의 지장보살상

이 불감(佛龕)은 접었다 펼쳤다 할 수 있는 작은 이동식 불감인데 접으면 겉모양이 원뿔형이고 펼치면 3등분으로 구분되어 각각 아미타, 관음, 지장의 삼존이 새겨진 형식이다.

삼존은 나무를 파서 부조로 새겨진 것인데 우협시인 지장보살은 두 손을 가슴에 모아 합장하고 서 있는 단순한 형태이다. 성문형의 머리에 동안(童顔)이어서 보살이라기보다 젊은 비구를 연상케 하는 인상이다.

삼존의 모습은 대체로 평판적이고 경직된 듯하며 이를 감싼 복장의 옷주름은 두텁고 단순하다. 그러나 온화한 얼굴과 단정한 자세에서는 적정(寂靜)한 분위기가 물씬 풍기고 있다. 이 불감은 '복장기(腹藏記)'에 의해 1637년 현원(賢元)이 제작한 것을 알 수 있다.

이와 형식이 같은 또 하나의 불감이 전남 광양군 상백운암(上白雲庵)에 전해지고 있는데 이는 1644년에 제작된 것이다. 현원이 만든 불감과 형식, 삼존의 모습 그리고 조각 양식 등이 매우 유사하여 주목되고 있다.

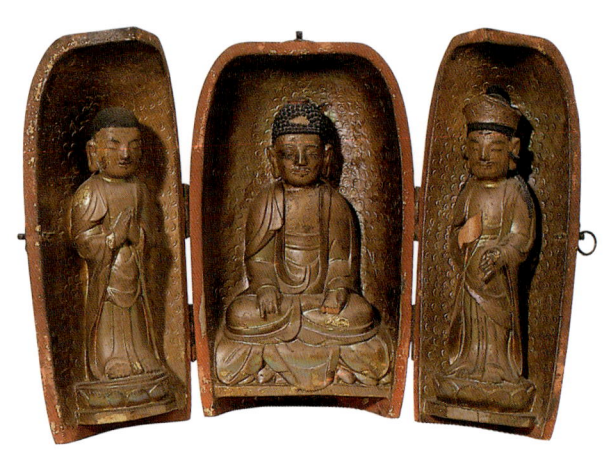

목조 아미타삼존 불감 조선 (1637년). 높이 27.8센티미터. 동국대학교 박물관 소장.

미륵보살(彌勒菩薩)

미륵은 범어 Maitreya의 음역이다. Maitreya는 '자비에서 생긴 것'이라는 의미를 갖고 있으므로 이로부터 한문으로 '자씨(慈氏)' '자존(慈尊)'이라고 번역된다.

미륵보살은 석가의 보처보살(補處菩薩) 또는 당래불(當來佛)이라고도 불리는데 현재불인 석가에 이어 다음 대에 불(佛)이 되는 것이 정해져 있는 보살이라는 말이다. 그는 원래 석가의 제자였으나 현재는 부처가 되려고 도솔천(兜率天)에서 수행중에 있는 보살이다. 그는 석가 입멸 뒤 56억 7천만 년(혹은 8만4천 세)이 지난 다음 세대에 이 사바 세상의 용화수(龍華樹) 아래에 내려와 부처님이 되어 석가가 못다 제도한 중생들을 모두 제도한다는 미래불이다.

이렇게 볼 때 미륵은 보살과 붓다의 두 가지 성격을 갖고 있으며 그 모습 또한 보살상과 불상 두 가지 형태로 조형화된다.

최근 인도 시크리에서 2세기 후기의 미륵상이 출토되었고 그 밖의 다른 지방에서도 발견된 것으로 보아 인도에서는 2, 3세기경 미륵 신앙이 꽤 활발하였던 것으로 생각된다. 그 뒤 우리나라에도 도입되어 삼국시대부터 열렬히 신앙되고 미륵상도 제작되었다.

소의 경전과 성격

미륵의 이름은 여러 경전에 출현하지만 그 신앙의 중심을 이루는 경전은 「불설관미륵보살상생도솔천경(佛說觀彌勒菩薩上生兜率天經)」(줄여서 「상생경」이라 함), 「불설미륵하생성불경(佛說彌勒下生成佛經)」(줄여서 「하생경」이라 함) 그리고 「불설미륵대성불경(佛說彌勒大成佛經)」(줄여서 「성불경」이라 함)으로 이들을 합하여 '미륵 삼부경'이라 부른다.

미륵은 현세에 부처가 되려고 도솔천에서 수행하며 모든 천중(天衆)들을 위해 설법하고 있는데, 예전에 석가가 불(佛)이 될 시기가 되었을 때 도솔천에서 흰 코끼리로 화하여 인간 세계에 하생하여 마야부인에게 탁태(托胎)한 것처럼 미륵도 석가가 이 세상을 떠난 뒤부터 56억 7천만 년 뒤에 우리들이 사는 염부리(閻浮提)에 와서 바라문의 여자에게 탁생(托生)한다. 이윽고 이 세상에서 깨달음을 얻어 부처가 된 미륵은 용화수 아래에서 3번에 걸쳐 인연있는 사람들에게 설법하는데 이것을 용화삼회(龍華三會) 혹은 미륵삼회(彌勒三會)라 부른다. 그때 세계는 6종(種)으로 진동하고 금색이 되며 미륵은 이 세상에 6만 년 동안 머물며 많은 사람들을 깨달음으로 인도한다.

이상과 같은 것이 「미륵하생경」의 내용이다. 곧 미륵은 세상에 내려와 붓다가 되어 이 세상을 미륵정토(彌勒淨土)로 만든다는 것이다. 한편 「미륵상생경」의 내용은 다음과 같이 전개된다.

우리는 석가 재세시의 설법을 직접 듣고 구원을 받을 수 없다. 따라서 미래불인 미륵을 믿고 용화삼회의 설법에서 미륵을 만나

구원되고자 한다. 그러나 용화삼회는 먼 미래의 일이므로 우선 우리는 열심히 수행하고 선근(善根)을 쌓아 죽은 뒤 도솔천에 상생하여 미륵 옆에서 지내다가 미륵이 하생할 때 그를 따라서 지상으로 돌아와 미륵의 최초 설법을 청문하고자 한다.

이렇게 볼 때 미륵 신앙은 상생 신앙과 하생 신앙으로 이루어진다는 것을 알 수 있다. 그런데 이들 가운데 상생 신앙이 하생 신앙보다 늦게 성립된 것 같다. 그것은 아마도 미래의 구세주로서 미륵의 하생은 너무도 먼 미래의 일이어서 현재의 사람들을 충분히 만족시킬 수 없었던 것 같다. 그래서 죽은 뒤 곧바로 미륵보살이 사는 도솔천으로 상승한다는 상생 신앙이 성립된 것으로 생각된다.

미륵 신앙의 또 하나의 큰 성격은 천상(天上)과 지상(地上), 두 곳의 정토를 갖는다는 점이다.

도솔천은 육욕천(六欲天)의 하나로 엄밀히 말해 아미타의 극락정토 등과는 성격이 다르다. 그러나 사후 왕생에 의해 도달하는 세계라는 의미에서 실제 신앙적인 면에서는 큰 차가 없이 정토의 세계로 믿어져 왔다.

이러한 천상의 정토인 도솔천에 대하여 지상의 정토는 경전에서도 언급되어 있는 것처럼 미륵이 이 세상에 하생하여 용화삼회의 설법을 할 때 세계가 진동하고 금색이 되는 등 미륵불이 사는 지상의 정토로 되는 것이다. 곧 우리들이 살고 있는 이 세계가 정토화된다는 말이다.

이러한 미륵 사상은 일찍부터 민중의 열렬한 지지를 받고 신앙되었다. 특히 언젠가는 미륵이라는 구세주가 나타나 인간을 구원하고 이 세상을 정토로 만든다는 생각이 현실적으로 민중의 가슴에 크게 부각되어 미륵 신앙은 삼국시대부터 근래에 이르기까지도 가장 친근한 신앙으로 끊임없이 믿어져 왔다.

더구나 미륵 하생 신앙을 더욱 발전시켜 그러한 때가 먼 미래의 일이 아니라 바로 지금이라고 생각한다면, 미륵 신앙은 미래의 신앙이 아니라 현세적인 신앙이 되는 것이다. 그리하여 역사를 통해 볼 때 사회적으로 혼란한 시기에 스스로 미륵이라고 자처하고 미륵 정토를 실현한다면서 민중의 지지를 호소한 경우가 종종 있었다. 우리나라의 경우 신라 말에 자신을 미륵이라 자칭하며 후삼국을 통일하고자 했던 궁예(弓裔)가 그 좋은 예라 할 수 있다.

미륵 하생 신앙은 이렇듯 미래의 구제에서 현세의 구제로 점차 변화하여 현세 신앙화되었고 또한 일상 생활에서 미륵 세계의 출현을 바라는 민중들에게 민간 신앙화되어 불교의 여러 신앙 형태 가운데 가장 친밀한 신앙이 되었다.

형상의 특징과 주요 작품

상생 신앙과 하생 신앙으로 대별되는 신앙의 성격상 미륵은 미술로 표현될 때 여래형(불상)과 보살형 두 가지 형태로 조형화된다.

여래형
여래형의 미륵상은 삼국시대부터 많이 제작되었는데 대부분이 일반적인 여래의 모습으로 표현되며 수인은 시무외인(施無畏印)과 여원인(與願印)을 짓고 있는 것이 보편적인 형상이다.

미륵불의 조상 기록은 많이 전하고 있지만 현존하는 삼국시대 미륵불상 가운데 신라의 대표적인 작품으로는 경북 월성의 단석산(斷石山) 신선사 마애삼존불(神仙寺 磨崖三尊佛)과 경주 남산 출토 삼화령 미륵세존(三花嶺 彌勒世尊) 등이 삼국시대 미륵불의 면모를 알려 주고 있다. 이 밖에도 고구려 작품으로 현재 불상은 없고 광배

83쪽 사진

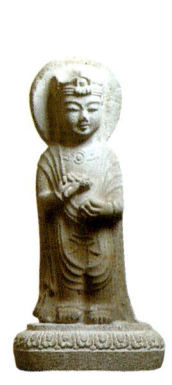
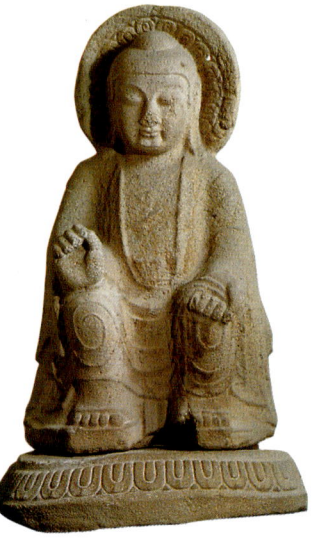
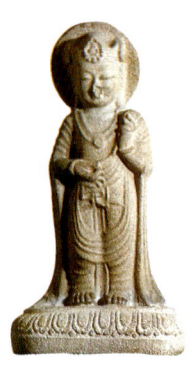

삼화령 미륵삼존상　경주 남산의 삼화령 석굴에 봉안되었던 삼존상으로 몸에 비해 머리와 손발이 크고 입가에 미소를 머금고 있어 '애기부처'라 불리기도 한다. 미소 띤 둥근 얼굴, 통통한 신체에 표현된 곡선, 옷주름 등 전체적으로 온화하고 부드러운 인상이 느껴진다. 삼국시대. 본존 높이 162센티미터, 왼쪽 보살 98.5센티미터, 오른쪽 보살 100센티미터. 국립경주박물관 소재.

만이 남아 있는 영강7년명 금동 광배에는 명문이 새겨져 있는데 이것은 미륵존상의 광배임을 확실히 하고 있다. 백제 역시 미륵사와 같은 대규모 미륵 도량을 건립한 것으로 미루어 미륵 신앙이 활발했음을 짐작할 수 있다.

　　고려시대의 미륵불 가운데 좌상으로는 해남 대흥사 북미륵암 (大興寺 北彌勒庵)의 마애 미륵불 좌상과 법주사 마애 미륵 의좌상 (法住寺 磨崖彌勒倚坐像) 등을 꼽을 수 있다. 또한 충북 중원군 미륵 당리 석불은 거대한 규모의 미륵불로 유명한데 고려시대에는 이러한 대규모의 불상이 많이 제작되어 주목되고 있다.

84쪽 사진

85쪽 위 사진

85쪽 아래 사진

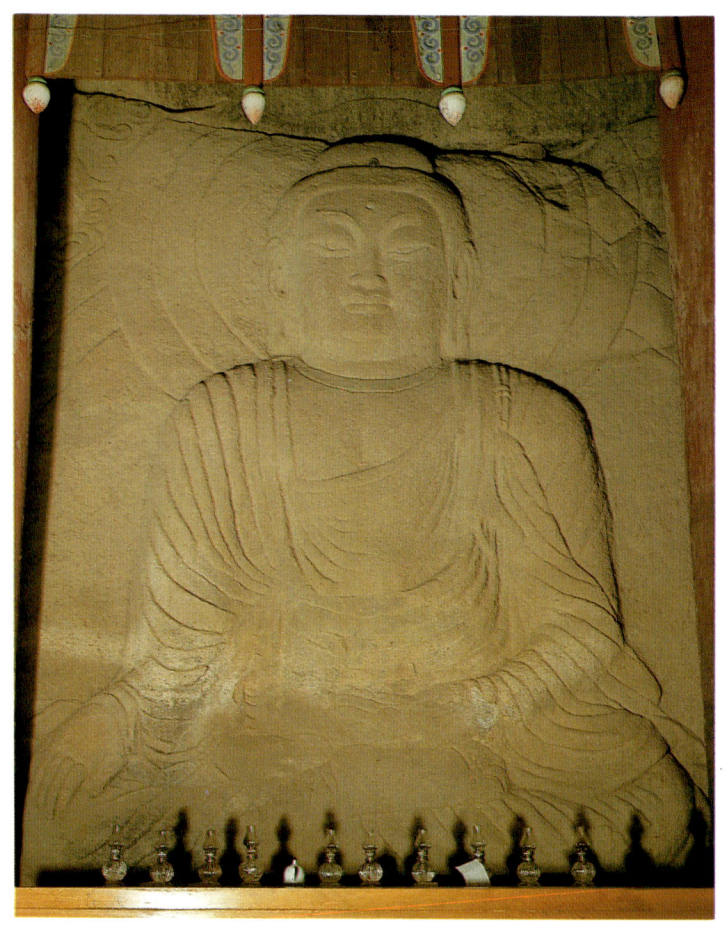

대흥사 북미륵암 마애불 좌상 사각형의 넓적한 얼굴, 벌어진 어깨를 지닌 건장한 체구의 불좌상으로 항마촉지인의 수인을 취하고 있다. 고려. 보물 제48호. 높이 4.2미터. 전남 해남군 대흥사 북미륵암 소재.(위)

법주사 마애 미륵 의좌상 연화좌 위에서 두 다리를 아래로 내린 의좌상의 불상으로 손으로 설법인을 짓고 있어 미륵불이 이 세상에 하생하여 설법하고 있는 모습을 조형화한 것으로 생각된다. 고려. 보물 제216호. 불신 높이 5미터. 충북 보은군 법주사 소재.(오른쪽 위)

괴산 미륵리 석불 입상 6개의 석재로 이루어진 대규모의 불상이다. 고려. 보물 제96호. 높이 10.6미터. 충북 중원군 상모면 미륵리 소재.(오른쪽 아래)

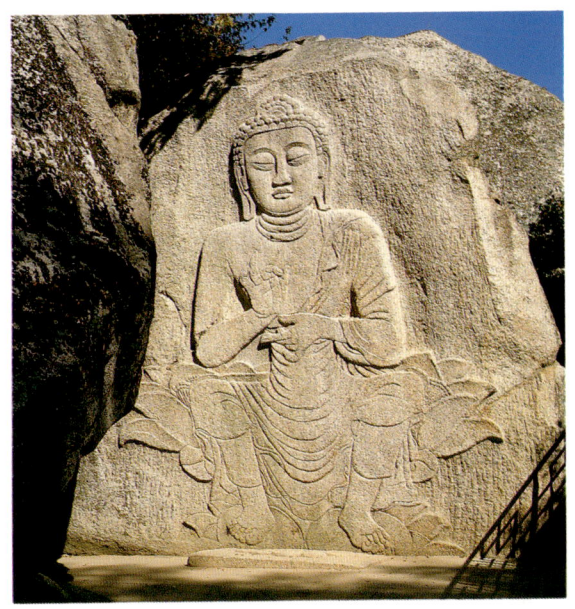

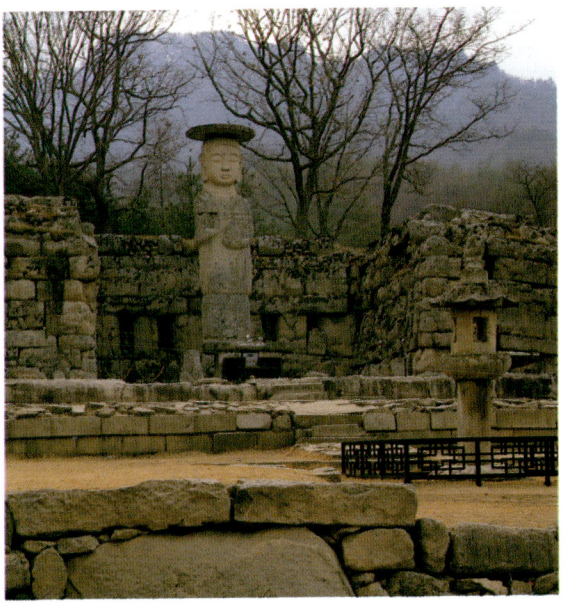

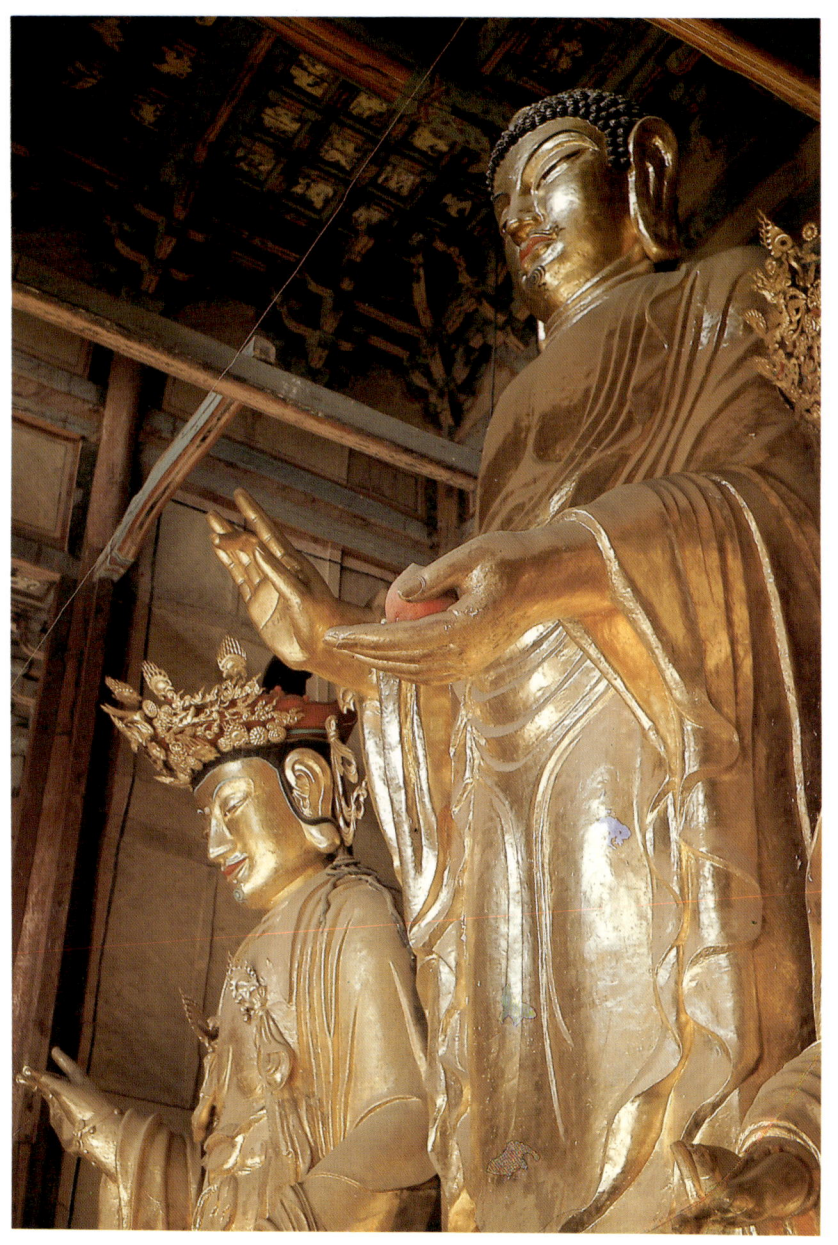

86 미륵보살

금산사 미륵장륙존상 금산사 미륵전의 소조 삼존불상으로 인조 5년(1627)에 조성된 것이나 본존은 화재로 인해 손실되어 1938년에 다시 만들어졌다. 조선. 본존불 높이 11.82미터, 보살상 높이 8.79미터. 전북 김제 금산사 소재.(왼쪽)

석미륵불상 마을 어귀에서 흔히 볼 수 있는 석상 형태의 미륵은 마을 사람들이 찾아와 소망을 비는 친숙한 존재이기도 하다. 경기도 이천군 소재.(오른쪽)

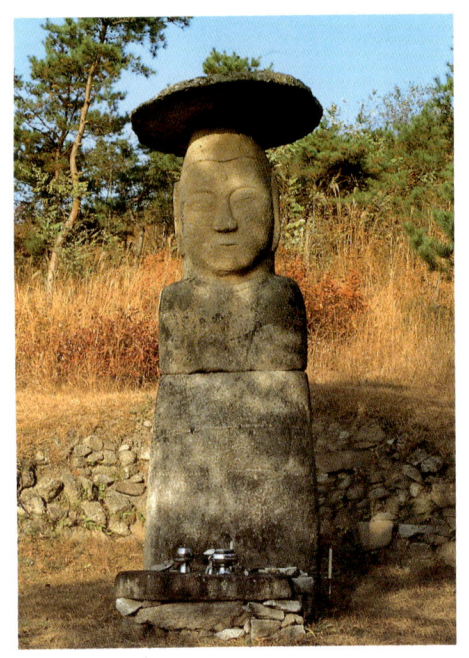

조선시대의 미륵상으로는 조선조 3대 미륵 도량의 하나인 전북 김제 금산사(金山寺) 미륵전의 주존으로 봉안된 거대한 미륵삼존상이 유명한 것이다. 원래 금산사에는 신라시대 진표율사(眞表律師)에 의해 시주(始鑄)되어 혜공왕 2년(766)에 완성된 불상이 있었다고 한다. 그 뒤 정유재란으로 불에 타버려 현재의 삼존상은 1627년에 다시 제작된 것이다. 그러나 이들 가운데 본존불은 1938년에 재조성된 것이다.

86쪽 사진

특히 조선시대의 미륵 신앙은 민중과 밀착되었는데 마을마다 석상을 만들어 미륵이라 칭하며 득남(得男)과 치병(治病) 등을 기원하였다. 이렇듯 미륵 신앙은 점차 현실 구복적인 신앙으로 믿어졌고 또한 무속(巫俗) 등과도 결합되어 민간 신앙화된 경향도 보인다.

보살형

보살형의 미륵상은 크게 두 가지로 조형화되는데 반가사유 미륵보살상과 일반 보살상의 형태이다.

반가사유상(半跏思惟像)은 미륵보살의 독특한 도상으로 특히 삼국시대에 주로 조성되었다. 결가부좌(結跏趺坐)에서 왼쪽 다리를 풀어 아래로 내린 반가좌의 다리 모습에 왼손으로는 왼쪽 무릎 위에 놓인 오른쪽 다리의 발목을 잡고 오른팔의 팔꿈치를 무릎 위에 대고 손으로 약간 숙인 얼굴을 가볍게 받치는 자세의 반가사유상은 고요히 명상에 잠긴 보살의 모습을 매우 적절히 표현한 도상이라 할 수 있다. 이러한 모습은 깊은 사유에 잠긴 성도(成道) 이전의 석가(싯달타 태자)의 모습을 나타낸 것이라고 알려지고 있다. 따라서 얼굴과 신체도 흔히 소년의 모습으로 표현되는 것이 보통이다.

93쪽 사진 우리나라에서 미륵반가사유상은 6,7세기 삼국시대에 활발히 제작되었다. 고구려의 작품으로는 평양 평천리(平川里)에서 출토된 금동미륵반가상(국보 118호)이 현재로는 유일한 것이다. 도상은 전형적인 미륵반가사유상의 것이며 굴곡이 없는 가냘픈 신체와 얼굴은 소년의 모습으로 보인다. 그러나 고개를 숙인 얼굴에는 깊은 사유에 빠진 진지한 구도 정신이 배어나는 듯하다.

90쪽 사진 백제의 작품으로는 서산 마애삼존불(瑞山 磨崖三尊佛)의 좌협시인 미륵반가사유상을 우선 손꼽을 수 있다. 미륵반가상과 입상의 보살을 좌우 협시보살로 한 독특한 삼존 형식의 이 마애불은 양감있는 신체의 표현, 미소를 머금은 동안의 둥근 얼굴, 자연스럽게 흐르는 옷주름의 표현 등에서 백제인의 우수한 조각술을 감지할 수 있으며 전체적으로 중후하면서도 명랑한 인상이 느껴진다.

현존 미륵반가사유상 가운데 가장 많은 것이 신라의 작품이다. 석상(石像)으로는 경북 봉화에서 출토된 반가사유상(경북대학교 박물관 소장)과 송화산(松花山) 석조반가상(국립경주박물관 소장)

92쪽 사진

이 대표적인 것이다. 봉화 출토 반가상은 상반신이 없어진 현재의 높이가 1.75미터로 현존 최대의 반가상이다. 비록 손상이 많지만 옷주름의 사실적인 처리 등에서 볼 수 있는 것처럼 우수한 작품임을 알 수 있다. 신라의 마애 반가상으로는 단석산 신선사 마애 불상군과 중원 봉황리(鳳凰里) 마애 불상군의 반가사유상이 있는데 6, 7세기 삼국시대의 작품이다.

91쪽 사진

반가사유상에 대하여 말할 때 가장 먼저 떠오르는 작품은 바로 국립중앙박물관의 국보 78호와 국보 83호의 두 금동 반가사유상일 것이다. 이들은 출토지가 불분명하여 그 국적과 제작 연대에 관해 여러 견해가 있다.

국보 78호 반가사유상은 치밀하게 장식된 보관을 쓰고 있는데 탑형관(塔形冠) 또는 일월식삼산관(日月飾三山冠) 등으로 명명되고 있다. 긴 눈썹과 눈, 오똑한 콧날 그리고 미소를 머금은 입 등 예리하면서도 부드러운 곡선으로 이루어진 얼굴은 내면으로 침잠하여 깊은 법열(法悅)에 빠져 있는 보살의 표정이 훌륭하게 표출되어 있다.

94쪽 사진

어깨에서 앞뒤로 길게 내려진 옷자락은 세장한 신체를 더욱 가냘프게 보이게 하지만 날개깃처럼 어깨 좌우로 뻗쳐진 독특한 천의 자락이 여기에 변화를 주어 전체적으로 조화를 이루고 있다.

어깨를 덮고 좌우로 뻗쳐진 이 천의의 양식은 중국 동, 서위의 반가사유상에서 유래된 양식으로 알려지고 있다. 무릎과 대좌에 표현된 곡선의 옷주름은 매우 절도있는 선으로 조각되어 있다. 이 반가상은 균형 잡힌 자세와 각 부분의 섬세한 표현 그리고 예리하면서도 부드러움을 잃지 않은 조각술 등 매우 훌륭한 조형성을 갖춘 반가사유상이다. 6세기 말에서 600년경 사이에 제작된 것으로 추정되는 이 상은 대개 신라작으로 보고 있으나 고구려 작품일 것이라는 주장도 나오고 있다.

서산 마애 삼존불상 중 미륵반가사유상 백제 반가사유상의 대표적인 작품으로 삼존불의 좌협시보살이다. 이는 시무외, 여원인을 짓고 있는 본존불 및 입상의 우협시보살과 함께 「법화경」에 나오는 석가여래와 미륵, 제화갈라보살의 삼존을 표현한 것으로 보인다. 백제. 충남 서산군 운산면 소재.

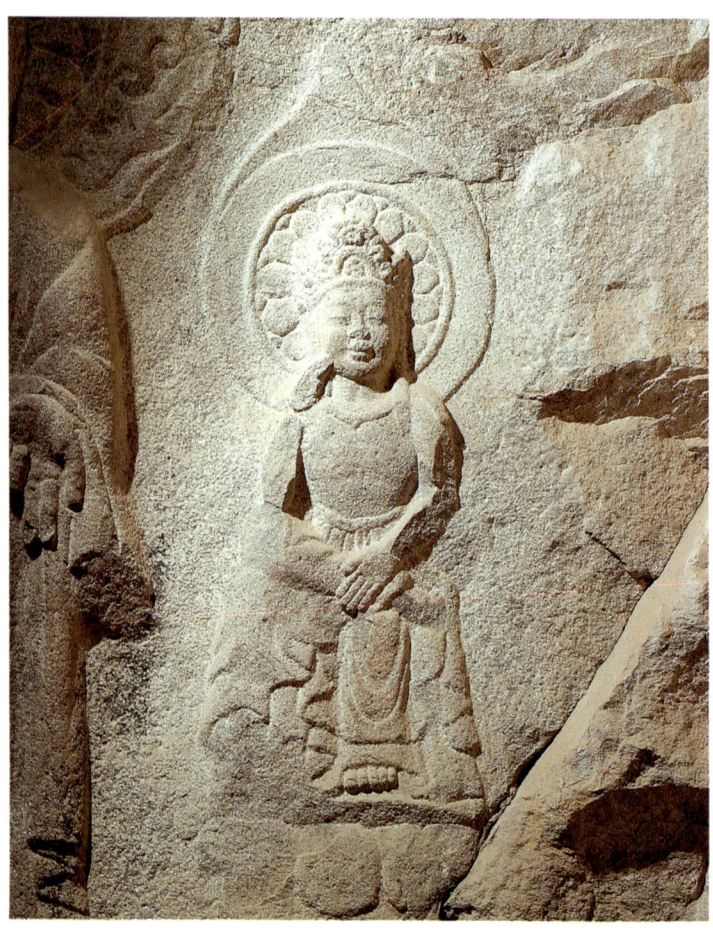

단석산 신선사 마애 불상군의 반가사유상 거대한 암벽이 'ㄷ'자로 솟아 이루어진 석굴 속에 새겨진 마애 불상군 중 북쪽 바위에 새겨져 있다. 이 옆 바위에는 이 석굴의 본존인 거대한 미륵불상이 새겨져 있어 미륵보살 반가상과 미륵불상이 한 석굴 안에 배치되어 있다. 신라(7세기). 경북 월성군 단석산 소재.

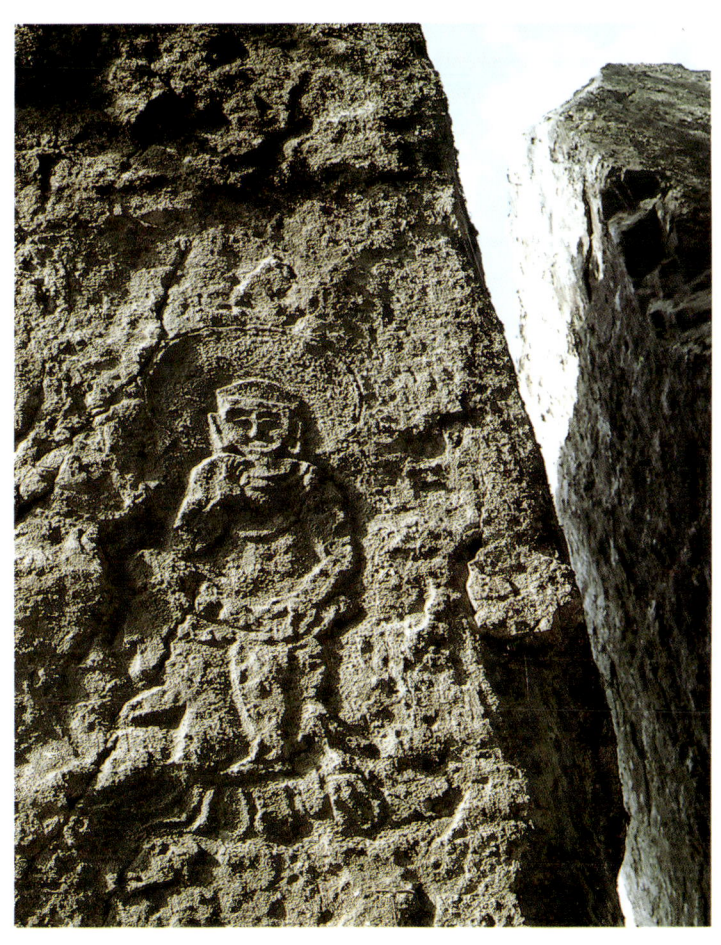

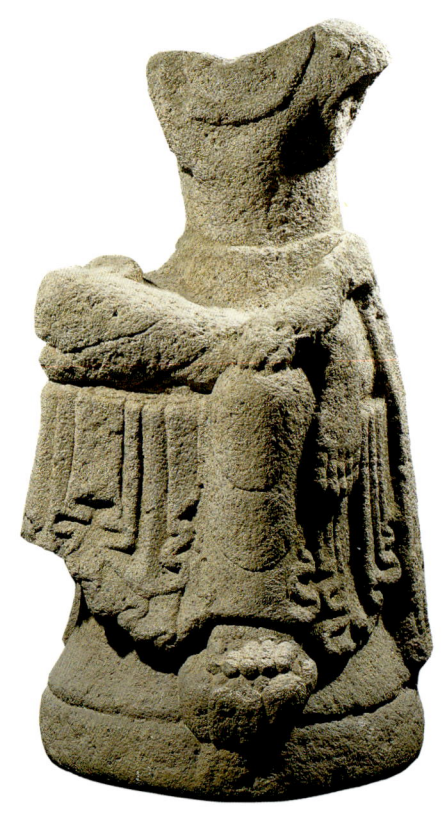

송화산 석조 반가사유상   경주 송화산 기슭 금산재(金山齋) 부근 절터에서 발견된 것으로 머리와 양팔이 잘리는 등 마멸이 심한 편이다. 그러나 입체감이 강조된 균형 잡힌 신체, 대좌 위로 늘어진 옷주름의 처리 등 우수한 기법으로 조각된 반가상이다. 신라. 높이 1.6미터. 국립경주박물관 소장.

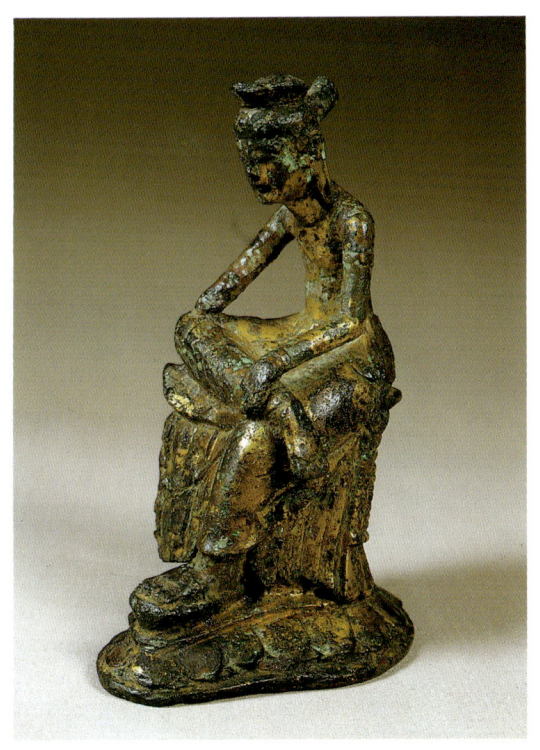

평천리 출토 금동 미륵보살 반가사유상 1940년 평양시 평천리에서 출토된 것이다. 몸의 굴곡이 없는 상체는 나신(裸身)이며 장신구도 표현하지 않은 소박한 형태의 반가사유상이다. 오른팔의 팔꿈치 이하는 떨어져 없어졌는데 원래는 손을 볼에 댄 사유형이었을 것이다. 고구려. 국보 제118호. 높이 17.5센티미터. 김동현 씨 소장.

금동 미륵보살 반가사유상 치밀하게 장식된 보관이 특징적인 반가사유상으로 지그시
내리감은 눈과 옅은 미소 등 법열에 빠진 보살의 표정이 훌륭하게 표출되어 있다.
선각으로 표현된 옷주름 선은 입체감이 없는 평면적인 것이지만 부드러움을 잃지
않고 있다. 삼국. 국보 제78호. 높이 83.2센티미터. 국립중앙박물관 소장.

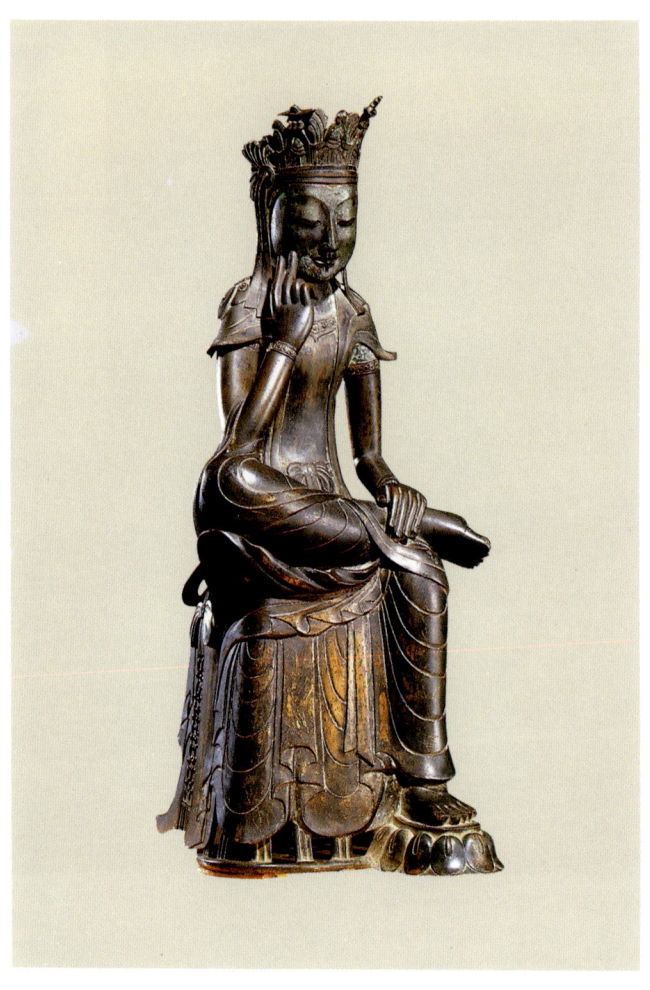

금동 미륵보살 반가사유상　장식성이 배제된 단순한 형태의 반가상으로 미소를 머금은 깊고 온화한 표정, 균형 잡힌 안정감 있는 자세 그리고 자연스러운 옷주름의 절제된 표현 등 전체적으로 매우 우아하고 세련된 감각이 돋보이는 우리나라 반가상의 최고 걸작이라 일컬어지고 있다. 삼국. 국보 제83호. 높이 93.5센티미터. 국립중앙박물관 소장.

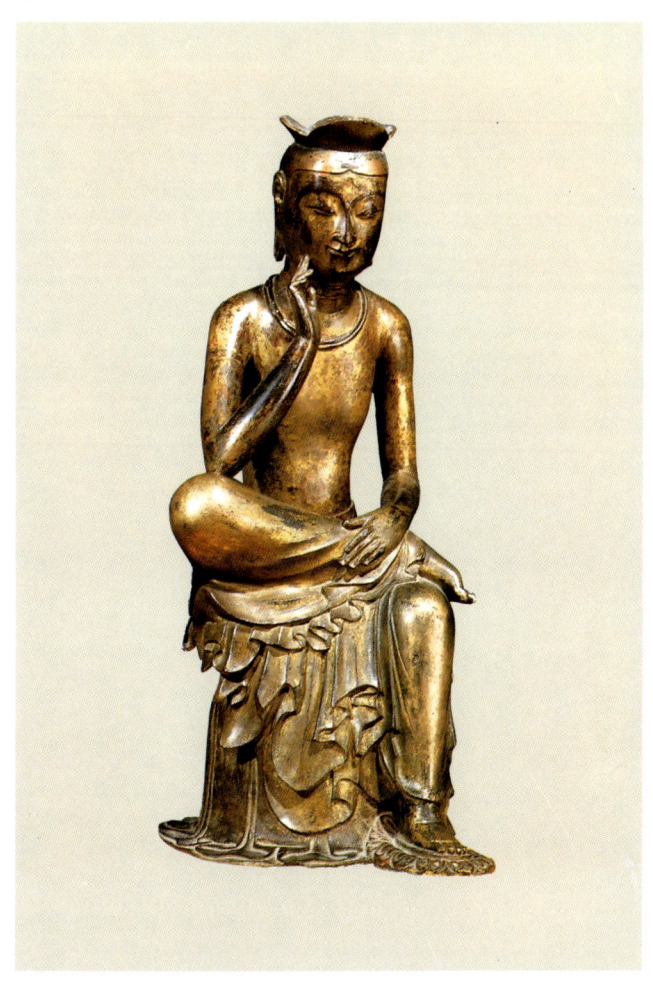

95쪽 사진　　국보 83호 금동 미륵보살반가사유상은 3개의 반원형으로 이루어진 단순한 형태의 삼산보관(三山寶冠)을 쓰고 있는데 78호 반가상과 비교해 볼 때 형태나 묘선이 매우 단순화되어 있다.

　　소박한 형태의 보관과 단순한 목걸이, 나신(裸身)의 상체는 장식성이 거의 배제된 매우 단순화된 형태를 보이고 있다. 그러나 미소를 머금은 깊고 온화한 표정, 균형 잡힌 안정감 있는 자세 그리고 자연스러운 옷주름의 절제된 표현 등 전체적으로 매우 우아하고 세련된 감각이 돋보이는 우리나라 반가상의 최고 걸작이라 일컬어지는 작품이다.

　　이 상의 제작지에 대한 견해가 백제 또는 신라로 엇갈리지만 신라작으로 보는 견해가 지배적이다. 더구나 이 반가상은 일본 광륭사(廣隆寺) 목조 반가사유상과 거의 같다고 할 수 있을 정도로 유사한 양식을 보이고 있는데 광륭사의 상은 신라에서 전래된 것이라는 설이 유력하여 이 금동 반가상이 신라작이라는 설을 뒷받침하고 있다.

　　미륵보살은 반가사유상의 형태 외에도 일반 보살상의 형태로도 조상된다. 특히 미륵보살은 법상종(法相宗)의 주존불로서 신앙되었97쪽 사진는데 그 대표적인 예가 감산사(甘山寺) 석조 미륵보살 입상(국보 81호)이다. 719년에 제작된 이 상은 삼곡 자세(三曲姿勢), 미소를 머금은 풍만한 얼굴과 양감있는 신체 그리고 정교한 장식과 유연한 옷주름 표현 등 8세기 통일신라 조각술의 우수성을 잘 드러내고 있는 작품이다.

98쪽 사진　　또한 현재 머리가 없지만 경주 남산 용장사지(茸長寺址)의 미륵장륙존상(彌勒丈六尊像)은 법상종의 조사인 태현(太賢) 스님의 원불(願佛)로서 조성된 미륵보살상으로 유명한 것이다.

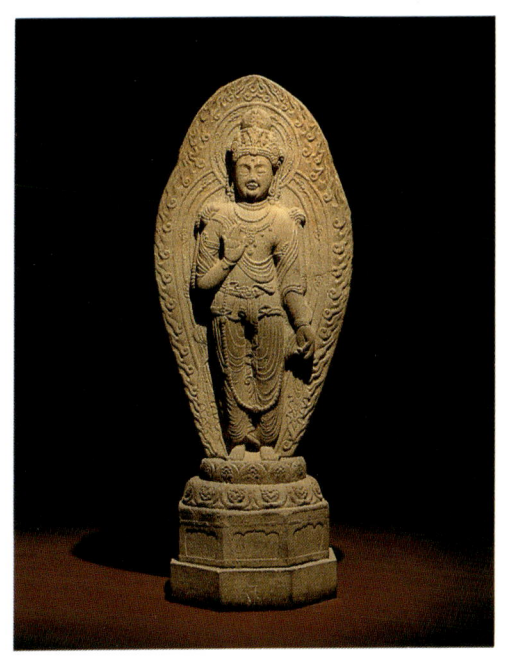

감산사 석조 미륵보살 입상 석조 아미타불 입상(국보 82호)과 함께 미륵보살과 아미
타불을 예배하는 법상종의 신앙과 그 조형 사상을 보여 주는 귀중한 작품이다. 또한
719년의 연대를 갖고 있어 신라 조각사 연구에 절대적인 자료가 되고 명문의 내용
또한 사상사 연구에 도움을 주는 자료가 되고 있다. 통일신라(719년). 높이 1.83미
터. 국립중앙박물관 소장.

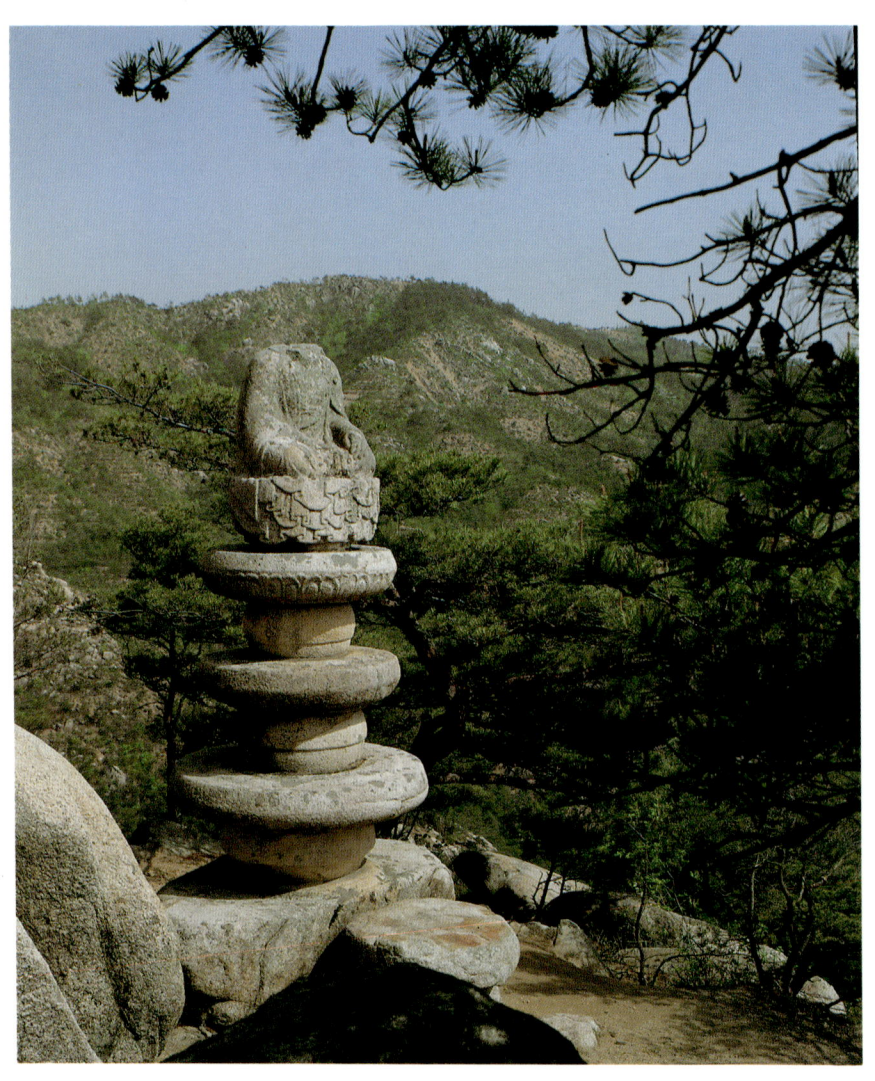

용장사지 미륵장륙존상 용장사에 살던 태현 스님이 항상 이 미륵상을 돌았는데 그러면 미륵상 역시 태현을 따라 얼굴을 돌렸다는 전설이 「삼국유사」에 기록되어 있다. 통일신라. 전체 높이 4.56미터. 보살상의 현재 높이 94센티미터. 경주 남산 소재.

문수보살(文殊菩薩)

문수보살의 범명(梵名)은 Mañjuśri bodhisattva인데 한문으로 문수사리(文殊師利) 혹은 만수사리(滿殊師利 또는 曼殊師利)라고 번역되며 줄여서 문수, 묘길상(妙吉祥) 또는 묘덕(妙德)이라 부른다.

문수는 불멸 뒤 인도에서 실재했던 인물이라 전해지는데 「문수사리반열반경(文殊師利般涅般經)」에서 "사위국(舍衛國) 다라취락범덕바라문(多羅聚落梵德婆羅門)의 아들"이라는 인물로 묘사되어 있다. 그러나 아함부(阿含部) 계통의 경전에서는 문수를 '모든 불보살의 부모'라는 등의 상징적 존재로 설명하고 있어 그 역사성은 확인할 수 없으며, 또한 실재 인물인지의 여부는 그다지 중요한 문제로 생각되지는 않는다.

대승불교의 사상을 확립한 경전은 보살의 실천도인 육바라밀 가운데 반야바라밀의 의의를 중시하는 「반야경」계 경전인데 이 반야의 가르침을 선양하는 보살이 바로 문수보살이다. 문수보살은 기원전 1세기경 성립된 최초의 「반야경」에는 나타나지 않지만 1, 2세기에 성립된 반야계 경전인 「유마경(維摩經)」에서는 중요한 역할을 한 것을 알 수 있다. 따라서 문수보살은 모든 보살의 으뜸

가는 위치에 있는 보살로 1, 2세기 대승불교 운동의 초기부터 인도에서 성립된 대보살이라 할 수 있다.

소의 경전과 성격

문수보살은 반야부, 법화부, 아함부, 화엄부 등 거의 모든 대승불전에 등장한다. 그 가운데 특히 반야부 경전에서는 언제나 반야의 가르침을 선양하는 지혜의 보살로서 묘사된다.

문수변상도 돈황 석굴 제 159굴의 서벽에 그려진 문수변상도로 동벽에는 유마변상도가 그려져 있다. 문수보살이 흰 사자 위에 앉아 수많은 권속을 이끌고 있는 모습이 생동 감 있게 묘사되어 있다.

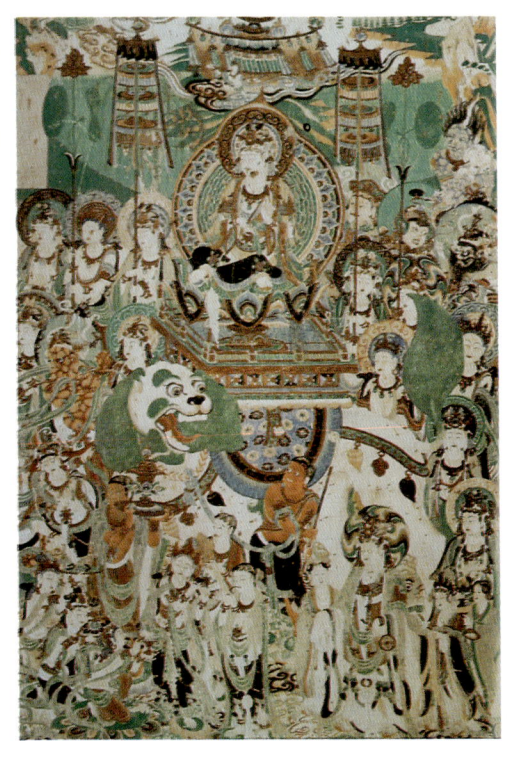

「유마힐소설경(維摩詰所說經)」에는 문수보살이 석가의 대리로 유마를 병문안하여 그와 대승불이(大乘不二)의 법문에 대하여 크게 논하는 유명한 장면이 있는데 여기에서 지혜 제일의 대보살로서의 문수의 성격이 잘 표현되어 있다. 문수보살과 유마거사와의 이 논의 장면은 예부터 자주 불교 회화의 주제로 채택되었다. 특히 돈황 석굴 제103굴, 420굴 등의 벽화 '유마경 변상도'는 유명하다.

또한 「묘법연화경」 서품에는 이 경전의 유래가 설해져 있는데 여기에는 이전에 문수가 석가의 스승에 해당한다는 내용이 설해져 있다.

그러나 문수보살도의 선양이라는 점에서 특히 유명한 경전은 「대방광불화엄경」 '입법계품'이다. 여기에서는 보살도의 실천을 선재동자의 구도 여행을 통하여 구체적으로 설명하고 있다. 애욕(愛欲)에 물든 자신의 모습을 참회, 반성하는 선재는 어떻게 보살행을 실천할 수 있는지 선지식(善知識)을 구하려고 문수에게 묻는다. 그 가르침으로 먼저 화합산(和合山)에 거주하는 비구를 방문하고, 그 뒤 비구니, 장자(長者), 왕, 선인, 유녀(遊女) 등 모든 계층의 사람들과 접하며 구도 여행을 계속한다. 선재는 52번째 선지식 미륵의 가르침으로 다시 문수에게 돌아오는데, 그의 가르침으로 최후로 보현보살을 방문한 선재가 부처의 가르침을 믿는 것이야말로 최고 궁극의 깨달음을 얻어 여러 부처와 같이 될 것이라는 '믿음'의 찬탄을 듣는 것으로 「화엄경」은 막을 내린다. 여기에 한 사람의 젊은이로 하여금 자타불이(自他不二)의 지혜와 자비의 원행(願行)인 보살도 실천에 눈을 뜨게 한 문수와 보현보살의 역할과 특색이 잘 묘사되어 있다.

이 밖에도 많은 경전에서 문수보살에 대하여 언급하였는데 이들을 통해 본 문수보살의 상징성은 지혜이다. 대승의 입장에서 이 지혜는 이타적 실천행(利他的 實踐行)이므로 문수는 대승불교 사상의 전형적 모습으로 상징된다고 하겠다. 이것은 곧 보살 사상의 근원임을 말하는 것이기도 하다. 보살의 행원(行願)이 보현보살에 의해 대변된다면 문수는 그 이념적 근거가 된다고 말할 수 있다.

형상의 특징과 주요 작품

지혜의 보살인 문수보살은 행원의 상징적 존재인 보현보살과 함께 석가여래의 협시보살이다. 또한 「화엄경」의 영향으로 비로자나 여래의 협시보살로도 등장한다. 우리나라에서 단독 문수보살상은 적고 대부분 석가나 비로자나불의 좌협시로 표현되는데 특정한 형상적 특징을 보인다고 하기보다 각 작품마다 조금씩 그 표현 방식을 달리하고 있다.

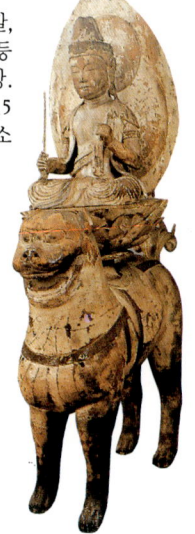

목조 문수보살상 오른손에 칼, 왼손에 경책을 들고 사자의 등 위에 앉아 있는 문수보살상. 平安시대(12세기). 높이 45.5 센티미터. 일본 奈良 額安寺 소장.

102쪽 사진

밀교 경전인「대일경」에 언급된 문수보살상은 독존상으로 안치될 경우는 문수원(文殊院)에 있을 때이며 그 형상은 대체로 금색 동자상(童子相)이다. 머리에는 오발관(五髮冠)을 쓰는데 이것은 대일여래의 오지(五智)를 나타낸다고 한다. 오른손은 바깥쪽을 향하여 세우고 칼 따위를 드는 경우가 많고 왼손은 청련화(靑蓮華)를 든다. 밀교계의 문수상은 진언(眞言)의 자수(字數)와 두 발의 차이에 따라 5자 문수(五字文殊), 1자 문수(一字文殊), 6자 문수(六字文殊), 8자 문수(八字文殊) 등의 구분이 있다. 그러나 우리나라의 경우 이러한 밀교계 문수상은 발견되지 않고 있다.

문수보살은 코끼리를 타고 있는 보현보살에 비해 위엄과 용맹을 상징하는 사자를 탄 모습으로 표현되기도 하는데 이것은「다라니집경(陀羅尼集經)」에서 "문수의 몸은 모두 백색으로 머리 뒤에 광(光)이 있다. 칠보의 영락, 보관, 천의 종종장엄하여 사자에 타고

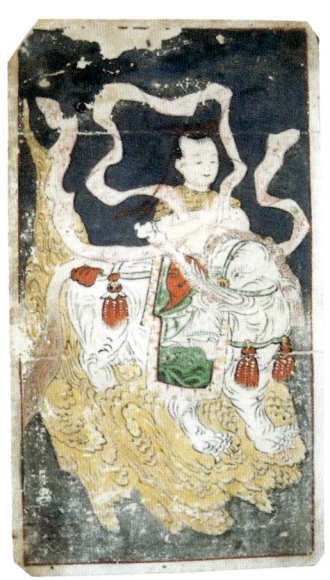 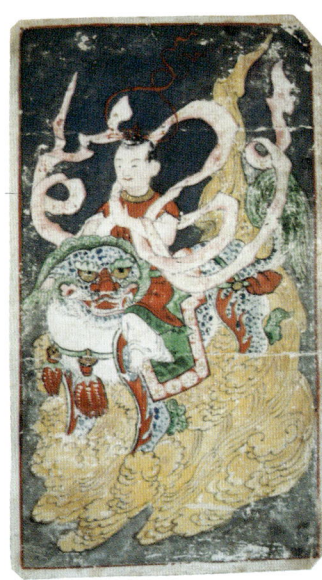

문수동자도와 보현동자도 각기 사자와 코끼리에 타고 있는 문수와 보현으로 모두 동자형으로 그려졌다. 조선. 가로 10.8센티미터, 세로 18.8센티미터. 동국대학교 박물관 소장.

있다"라는 기록으로부터 유래된 것으로 전해진다.

그러나 「유마경」에서 유마거사가 문수보살에게 사자좌가 있는 곳을 물어본 뒤 신통력으로 3만 2천의 사자좌를 방에 들여 놓아 문수의 권속과 보살들의 자리를 마련하였다는 내용에서 볼 때 사자좌와 문수보살과는 일찍부터 관계가 깊었던 것으로 생각된다.

우리나라의 조각상 가운데 사자를 타고 있는 문수보살상은 발견되지 않는다. 문수보살은 주로 석가여래나 비로자나여래의 협시보살로 제작되는데 현존 문수상의 예는 대부분 조선조 후기의 작품이다. 조각이나 불화로 형상화될 때 이들은 연꽃 가지를 든 모습으로 표현되는 것이 보편적이다.

지금까지 알려진 문수보살상 가운데 석굴암의 문수보살상과 상원사(上院寺)의 문수상을 대표적인 예로 들 수 있을 것이다.

105쪽 사진 **석굴암 문수보살상**

매우 우아하고 아름다운 모습으로 조각된 석굴암상은 연화좌 위에서 오른쪽을 향한 측면관으로 서 있다. 왼손은 아래로 내리고 오른손은 어깨쪽으로 올려 작은 잔을 받치고 있는 모습으로 일반적인 문수보살상과는 다른 모습이다.

상원사 문수보살상

상원사에는 문수보살상과 문수동자상이 나란히 주존으로 봉안되어 있다. 오대산은 신라시대부터 문수보살이 상주하는 산으로 알려져 왔고 특히 상원사는 문수보살과의 인연이 깊은 사찰이다. 그것은 조선시대 초 세조(世祖)의 병을 문수보살이 고쳤다는 설화가 전해지기 때문이다. 그 설화는 다음과 같다.

세조는 왕위에 오른 뒤 얼마 안 있어 전신에 종기가 생기는

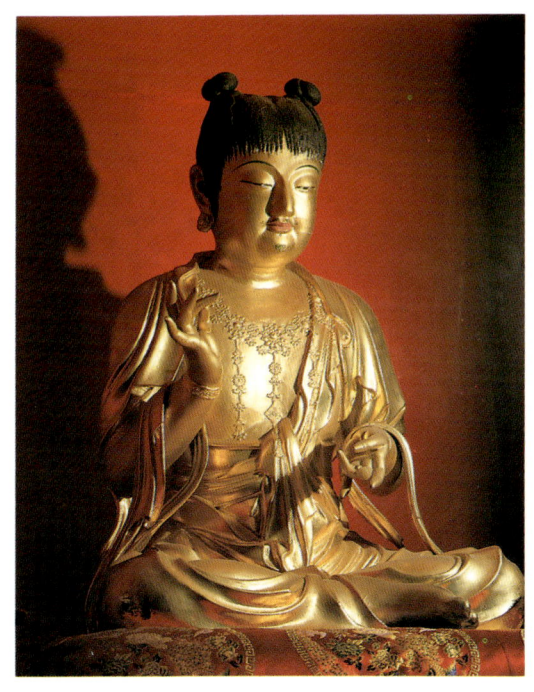

상원사 목조 문수동자상 미소 띤 양감있는 얼굴 모습과 균형 잡힌 신체가 이룬 평안한 자세, 설법인을 취한 두 손의 자연스런 모습 그리고 옷주름의 부드러운 묘선 등 조선 초기 불상 조각의 미를 잘 대변해 주는 작품이다. 조선(1466년). 국보 제221호. 높이 98센티미터. 강원도 상원사 소재.

보현보살(普賢菩薩)

　　보현보살의 범어 원명은 Samanthabhadra로 한자로 삼만다발타라(三曼多跋陀羅)라 표기한다. 이는 '넓게 뛰어남'이라는 뜻을 갖고 있으므로 편길보살(遍吉菩薩) 또는 보현보살이라 한역된다.

　　「법화의소(法華義疏)」에 나타난 보현에 대한 언급을 보면 "보현은 인도에서는 삼만다발타라라 하는데 삼만다는 보(普), 발타라는 현(賢)의 의미이다. 또한 중국에서 편길이라 번역하는데 편은 보, 현은 길(吉)과 같은 의미이다.… 보현이라는 의미는 보편의 법문(法門)이라는 것이다"라고 서술하여 보현은 시방 세계에 널리 나타나는 방편을 갖고 사람들을 감화한다고 설한다.

　　보현보살은 문수와 더불어 석가의 협시불로 석가 삼존을 이룬다. 따라서 문수와는 사상적으로 같은 맥락을 이루며 지혜의 보살인 문수에 대하여 그 실천적 행원자(行願者)라는 뜻을 갖고 있다.

　　그런데 보현보살의 개념은 문수보살과 동시에 성립된 것은 아니다. 문수보살이 대승불교 초기에서부터 경전에 등장하는 데 비해 보현보살은 그보다 늦어 「화엄경」의 등장 뒤에 모습을 드러내는 보살이다.

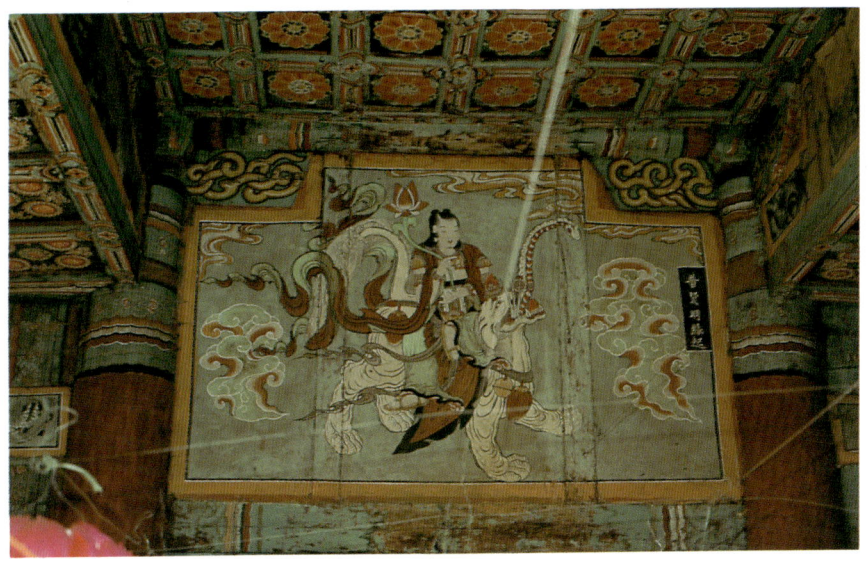

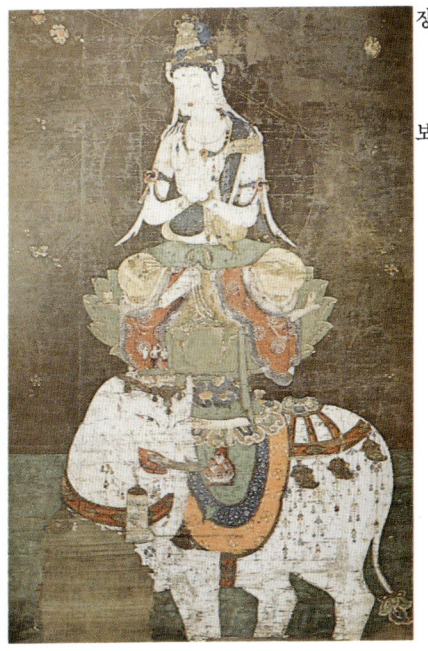

장륙사 보현보살도 장륙사 대웅전에 그려진 벽화로 코끼리에 탄 보현보살이 동자형으로 그려져 있다. 이 벽화와 마주한 벽에는 사자에 탄 문수동자가 그려져 있다.(위)

보현보살도 육아백상 위의 연화좌에 앉아 눈을 감고 합장한 모습의 보현보살도이다. 平安時代(12세기). 세로 159센티미터, 가로 74.5센티미터. 동경국립박물관 보관.(왼쪽, 「國寶」3 수록, 1965년 6월 26일)

소의 경전과 성격

보현보살은「대방광불화엄경」「묘법연화경」「관보현경(觀普賢經)」등에 설해져 있다.

이 가운데「화엄경」여러 부분에는 보현보살의 덕행과 행원 등이 묘사되어 있다.「화엄경」의 '여래출현품(如來出現品)'에서 보현보살은 모든 보살도의 구극(究極)에 달한 보살로 표현되어 있다. 그는 모든 것을 알고 여래의 비밀처에 통하고, 일체 중생의 근기(根機)를 잘 알아 중생에게 해탈의 길을 잘 열어 보이며 또한 부처의 가르침을 해설함에도 능하고 기타 무량의 덕성을 갖추고 있는 보살이라고 설명되어 있다.

또한「화엄경」'입법계품'은 선재동자가 문수보살의 가르침을 받들어 53선지식을 찾아 법문을 얻는 것을 묘사한 것이다. 여기서 선재는 마지막으로 보현보살을 찾아 10가지 지혜의 법문을 얻음으로 모든 경계가 부처님과 평등하게 되어 구도의 여정을 끝맺는다. 이리하여 보현보살은「화엄경」의 끝을 장식하고 여래를 대신하여 화엄의 세계를 개시(開示)하는 사실상「화엄경」의 설자(說者)라 해도 좋을 것이다. '입법계품'에서 말하는 보현의 10대원(十大願)은 다음과 같다.

첫째, 언제나 모든 여래를 존경하며(禮敬諸佛)

둘째, 언제나 모든 부처님의 덕을 찬탄하며(稱讚如來)

셋째, 언제나 모든 부처님께 봉사하며 최상의 공양을 하며(廣修供養)

넷째, 언제나 무시 이래의 악업을 참회하며 정계(淨戒)를 간직하고(懺悔業障)

다섯째, 언제나 불보살과 육취사생(六趣四生)의 모든 공덕을 수희하며(隨喜功德)

여섯째, 언제나 모든 부처님께 가르침을 주시기를 희구하며(請轉法論)

일곱째, 열반에 들려는 불보살들에게는 세상에 머무실 것을 청하며(請佛住世)

여덟째, 언제나 비로자나 부처님을 따라 그 교화의 모든 상(相)을 배우며(常隨佛學)

아홉째, 모든 중생의 종별에 응하며 공양과 자비를 베풀며(恒順衆生)

열째, 이상의 모든 공덕을 일체 중생에게 돌리면서 불과(佛果)의 증득을 원한다(普皆廻向).

이러한 열 가지 원을 그치지 않고 실천하는 것이 보현보살의 행원이며 또 사람들이 깊은 믿음의 마음을 갖고 이 대원을 수지(受持)하고 독송하면 그는 갖가지 공덕을 얻을 수 있고 극락 세계에 왕생할 수 있다고 하는 것이다.

보현보살은 또한 「법화경」에서도 중요하게 설명되어 있다. 이 경전 마지막의 '보현보살권발품(普賢菩薩勸發品)'은 보현의 서원뿐만 아니라, 보현보살이 흰 코끼리를 탄 모습으로 나타난다는 형상적 특징을 알려 주는 전거가 된다. 석가가 「법화경」의 가르침을 일단 마무리하는 곳에서 보현보살은 다음과 같이 서원한다.

세존이시여, 오백 세 뒤 탁악한 세상에서 이 경전을 수지하는 자가 있다면 제가 응당 지킴으로써 그의 재앙을 없애어 편안케 하고 악마의 무리들이 발을 못 붙이게 할 것입니다. 사람들이 서거나 걸으면서도 「법화경」을 독송한다면 나는 육아백상왕(六牙白象王)을 타고 많은 보살들을 이끌고 그곳에 나타나 사람들을 수호하고 위안해 주리다.

이상의 경전에서 설한 내용을 종합해 볼 때 보현보살은 무량 광대한 행원을 갖추고 때와 장소를 가리지 않고 모든 장소에 모습을 나타내어 법화의 수행자를 지키고 참회하는 사람들의 죄장(罪障)을 없애는 보살이라는 것이다.

다시 말해 붓다의 지혜를 몸소 실행하고 중생이 있는 한 끝까지 이타교화(利他教化)의 행을 닦아나가는 보현보살이야말로 보살도를 실천하는 보살이라 할 수 있다.

형상의 특징과 주요 작품

보현보살은 「묘법연화경」 '보현보살권발품'에 기술되어 있듯이 흰 코끼리를 탄 모습으로 형상화된다. 곧 사자를 탄 문수에 대하여 코끼리를 탄 보현이 일반적인 모습이다. 이러한 도상은 중국이나 일본에서는 흔히 보이는 모습이지만 우리나라에서는 그다지 성행되지 않은 것 같다.

우리나라의 보현보살상은 문수보살상과 마찬가지로 단독상은 거의 없고 대부분 석가삼존상이나 비로자나삼존상의 우협시보살로 제작되는 것이 보편적이다. 이 경우 문수와 마찬가지로 대개 연꽃 가지를 들고 있는 모습으로 표현된다.

113쪽 사진   지금까지 알려진 보현보살상 가운데 대표적인 것은 석굴암의 상인데 여기에서 보현보살은 왼손에 경책(經冊)을 들고 있다.

석굴암 보현보살상 보현보살은 문수와 더불어 석가의 협시불로 석가삼존을 이룬다. 따라서 문수와는 사상적으로 같은 맥락을 이루며 지혜의 보살인 문수에 대하여 그 실천적 행원자라는 뜻을 갖고 있다. 석굴암의 보현보살상은 연꽃 대좌에 선 입상으로 왼손에 경책을 들고 있는 모습이다. 1.98미터.(오른쪽)

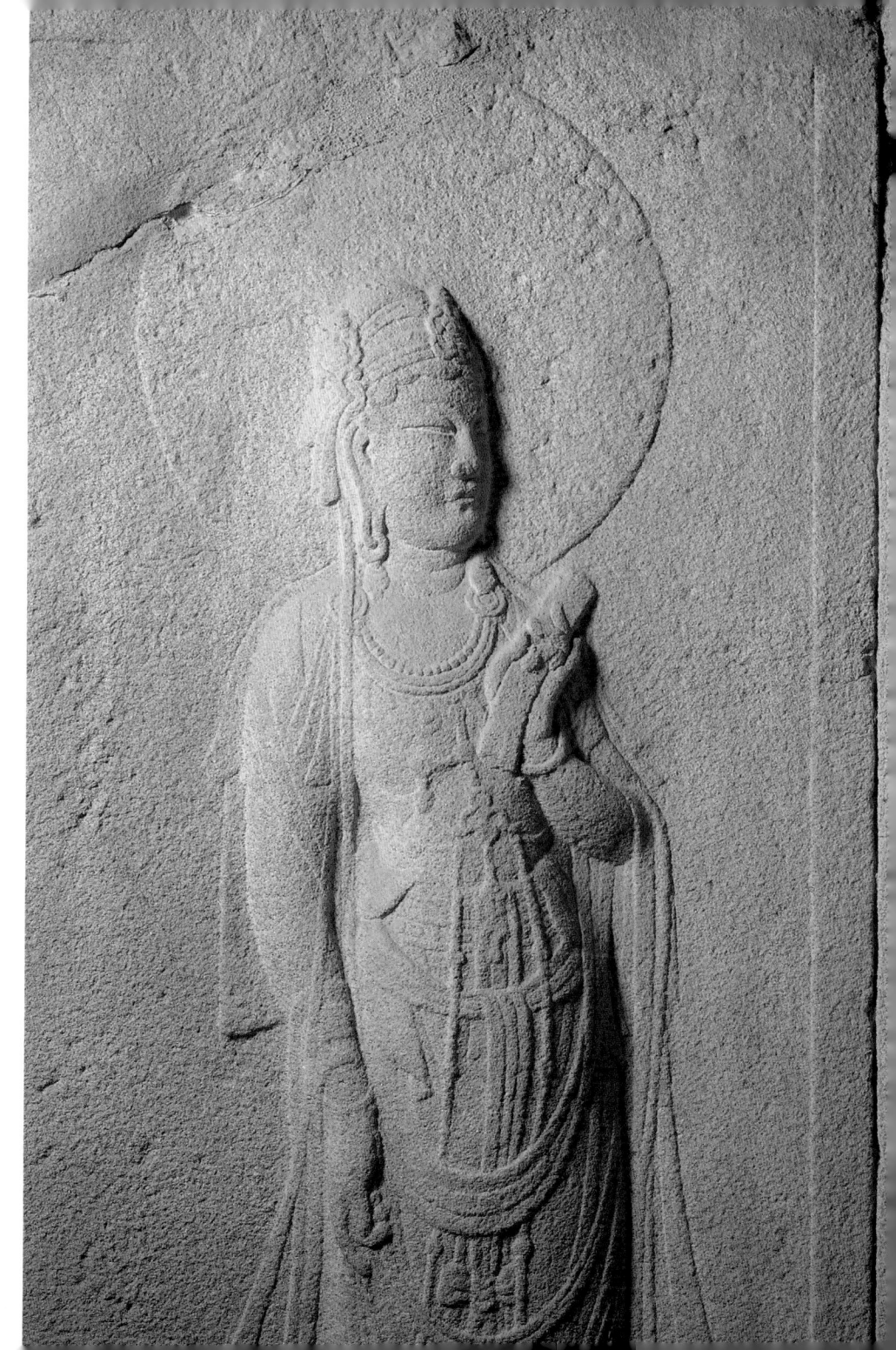

일광보살, 월광보살

일광은 범어 Sūrya-prabha를 번역한 말로 일요(日曜) 혹은 일광편조(日光遍照)라고도 부르며, 월광은 범어로 Candra-prabha인데 월정(月浄) 또는 월광편조(月光遍照)라고도 한다.

이들은 약사여래(藥師如來)의 양 협시보살로 약사유리광정토 가운데 대표적인 두 보살이다.

약사 신앙은 「약사경」의 번역 뒤로 크게 성행되었는데 「약사경」 가운데 최초로 번역된 것은 「약사유리광경(藥師瑠璃光經)」으로 「관정경(灌頂經)」의 마지막 장인 '불설관정발제과죄생사득도경(佛說灌頂拔除過罪生死得度經)'에 해당된다. 그러나 「약사경」의 성립과 기원에 대해서는 다양한 설이 주장되고 있어 아직 확실한 학설이 없는 실정이다.

소의 경전과 성격

약사여래는 동방유리광세계(東方瑠璃光世界)의 교주로 유리광왕 또는 대의왕불(大醫王佛)이라고도 하는데 중생의 온갖 병고를 치유하고 모든 재난을 제거하며 수명을 연장하는 부처이다.

인간에게 있어 질병의 고통은 예나 지금이나 가장 큰 고통이고 따라서 거기에서 벗어나고자 하는 기원이 약사 신앙 성립의 원인이 되는 것이다.

불교의 힘을 빌어 질병을 퇴치하고자 하는 구체적이고도 현실 구복적인 약사 신앙은 「약사경」의 번역 뒤로 급속히 퍼져 민간에 강렬한 신앙심을 일으키며 성행되었다. 이러한 약사 신앙의 경전은 현재 「약사여래본원경(藥師如來本願經)」(隋 達摩笈多譯), 「약사유리광여래본원공덕경(藥師瑠璃光如來本願功德經)」(唐 玄奘譯, 650년), 「약사유리광칠불본원공덕경(藥師瑠璃光七佛本願功德經)」(唐 義淨三藏譯, 603년) 그리고 「관정경(灌頂經)」 '권12'에 수록된 「불설관정발제과죄생사득도경」(藥師瑠璃光經 또는 單藥師經이라고도 함)의 4본이 전하고 있다.

이들 가운데 「약사여래본원경」에 의하면 "두 보살마하살이 있는데 하나는 일광이라 하고 또 하나는 월광이라 부른다. 그들은 무량무수의 제보살 가운데 가장 우두머리가 된다. 그들의 세존, 약사유리광여래의 정법의 장을 지닌다"고 설해져 있어 약사의 협시보살임을 밝히고 있다. 이들은 일반적으로 일광은 좌협시, 월광은 우협시로 배치된다.

「약사경」에 의하면 약사여래가 과거 보살행을 할 때에 12대원을 발하여 중생의 질병을 치료하고 고통을 구제해 준다고 하였다. 따라서 이 12대원은 다음 세대에 여래가 되는 일광, 월광보살의 원이라고도 할 수 있을 것이다. 12대원은 다음과 같다.

첫째, 내세 정각을 성취할 때 광명이 무량무변의 세계를 비추고 내 몸과 남의 몸에도 크게 비추게 하려는 원(第一光明照曜願).

둘째, 몸의 안팎은 유리와 같이 청정하며 몸에서 광명이 나와 어두운 세계를 다 밝혀 주려는 원(第二身如琉瑠願).

셋째, 모든 중생들에게 생활 수용품이 다 구족하여지게 하려는 원(第三受用無盡願).

넷째, 모든 중생들이 사도를 버리고 정도에 들어오며 소승은 대승으로 들어오게 하려는 원(第四大乘安立願).

다섯째, 범행을 닦으면서 계를 결하지 않으며 삼취계를 구족하여 악도에 나아가지 않게 하려는 원(第五三聚具足願).

여섯째, 모든 불구자를 다시 신상이 구족하게 하려는 원(第六諸根具足願).

일곱째, 중생의 병을 없애어 몸과 마음이 안락하여 무상보리에 이르게 하려는 원(第七衆患悉除願).

여덟째, 모든 여인으로 하여금 모두 남자가 되게 하려는 원(第八轉女成男願).

아홉째, 모든 중생들로 하여금 사마의 올가미와 외도의 그늘에서 벗어나 부처의 바른 지견으로 포섭하려는 원(第九安立正見願).

열째, 중생들로 하여금 결박, 형옥 등 온갖 재난에서 벗어나게 하려는 원(第十繫縛解脫願).

열 하나째, 일체 중생의 기갈을 면하고 배부르게 하려는 원(第十一餓饉安樂願).

열두째, 가난하여 의복이 없는 이에게 내 의복을 주고 장엄구를 주어 만족케 하려는 원(第十二衣服嚴具願).

이상에서 볼 때 12대원은 일상 생활과 밀착된 매우 현실적인 소망을 담고 있는 것을 알 수 있다. 따라서 일광, 월광 두 보살은 현실적인 고통을 제거하고 안락하게 해주는 성격을 갖는 보살이라고 하겠다.

형상의 특징과 주요 작품

일광, 월광보살은 약사여래의 협시보살로서 표현되며 단독으로는 거의 조성되지 않는다.

번역자가 분명하지 않은 「정유리정토표(浄瑠璃浄土標)」에 기술되어 있는 두 보살의 형상을 보면 "일광보살은 적홍색으로 왼손의 손바닥에 해(日)를 놓고 오른손으로는 천상에서 핀다고 하는 만주적화(蔓朱赤花)를 잡고 있으며, 월광보살은 백홍색으로 왼손의 손바닥에 월륜(月輪)을 놓고 오른손으로는 홍백의 연꽃을 잡고 있다"고 하였다.

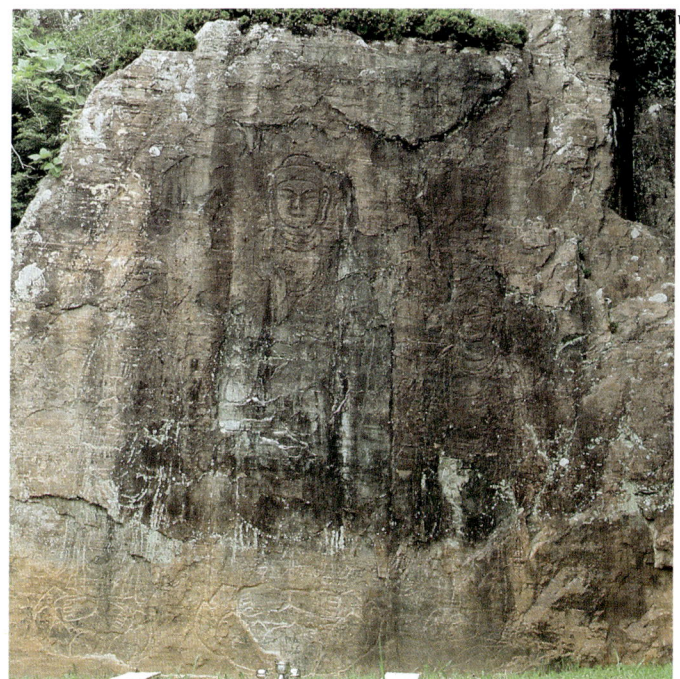

방어산 마애 약사삼존상 중앙의 본존은 왼손으로 약합을 들고 있고 좌우의 일광, 월광보살은 이마에 둥근 일, 월상이 표시되어 있다. 월광보살 옆에 명문이 새겨져 있어 조성 연대를 알 수 있는 귀중한 자료이다. 통일신라(801년). 본존 높이 2.85미터, 일광보살 2.29미터, 월광보살 2.55미터. 경남 함안군 군북면 방어산 소재.

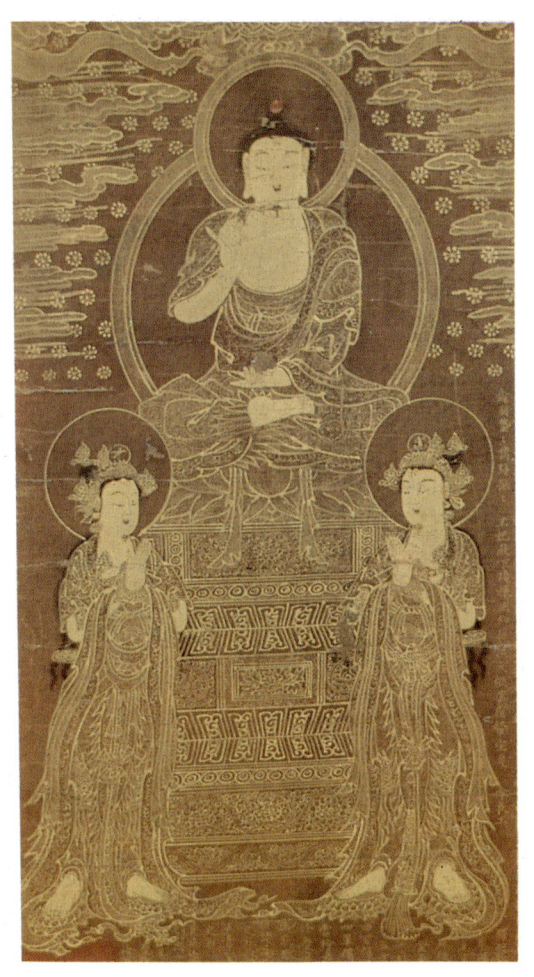

118 일광보살, 월광보살

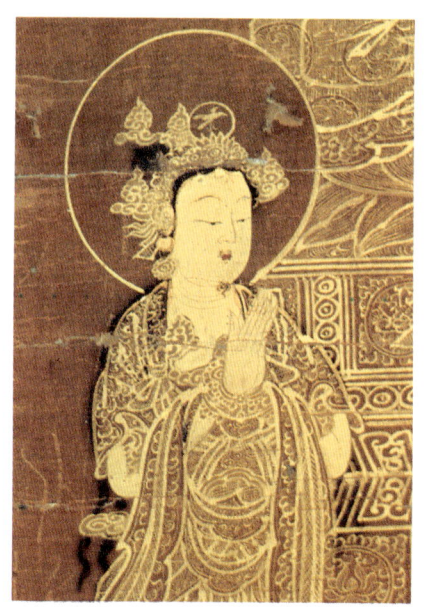 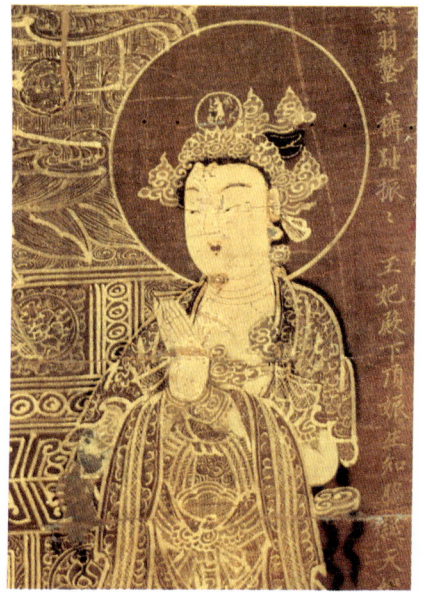

회암사 약사삼존도 높은 수미단 위에서 결가부좌한 약사여래와 그 아래에 시립한 일광, 월광보살을 그린 삼존도이다. 조선 명종 20년(1565) 문정왕후가 명종의 만수무강과 세자 탄생을 기원하여 발원한 석가, 약사, 미륵, 아미타불화 400점 가운데 하나이다. 왼쪽은 약사삼존도 전체의 모습이고 위 왼쪽은 월광보살, 오른쪽은 일광보살이다. 가로 29.7센티미터, 세로 54.2센티미터. 국립중앙박물관 소장.

우리나라에서는 삼국시대부터 약사 신앙이 유행되어 약사불상이 많이 제작되었다. 분황사(芬皇寺)의 약사여래상이나 백률사(栢栗寺)의 약사상은 특히 유명한 것이고 그 밖에 작은 규모의 약사상도 많이 남아 있다. 그러나 일광, 월광보살을 포함한 약사삼존상의 유품은 그리 많지 않은 편이다.

117쪽 사진   약사삼존상의 대표적인 유물로는 801년에 제작된 방어산 마애약사삼존상(防禦山 磨崖藥師三尊像)을 들 수 있다. 이 삼존상에서

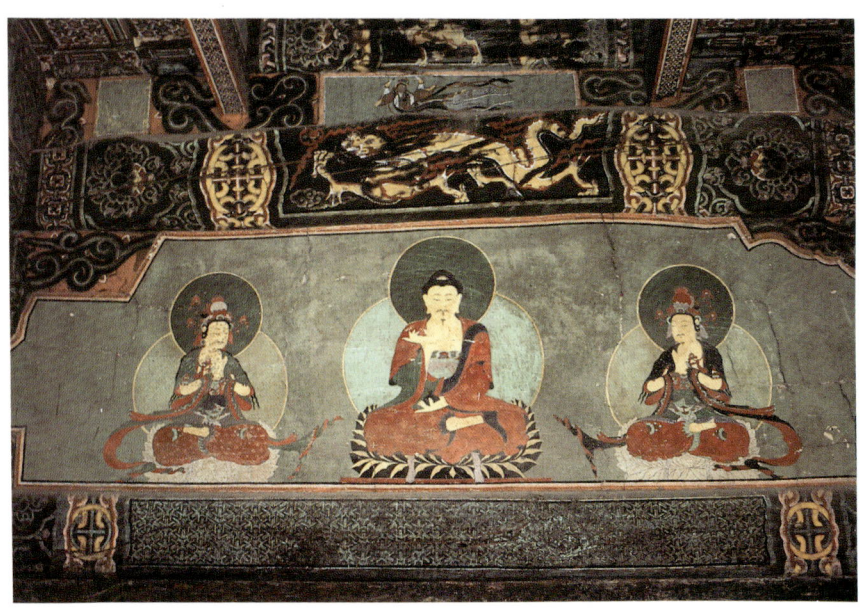

통도사 약사삼존도 통도사 약사전에 그려진 벽화로 일광보살과 월광보살은 모두 합장한 자세로 앉아 있는데 일광보살은 보관에 붉은 일상이, 월광보살은 흰 월상이 표시되어 있다.

일광, 월광보살의 이마에 원형의 일상(日像), 월상(月像)이 표시되어 있고 지물은 표현되어 있지 않았다.

일광, 월광보살의 모습은 조각에서보다 조선시대 불화 가운데 약사여래도에서 자주 찾아볼 수 있다. 불화에 표현된 일광, 월광보살의 형상은 보관에 일상과 월상의 표시가 있는 것이 있고 또 일상, 월상을 얹은 연꽃 가지를 들고 있는 경우도 있다. 또한 아무런 지물이나 표시가 없이 약사여래 곁에 합장을 하고 있는 도상도 있다.

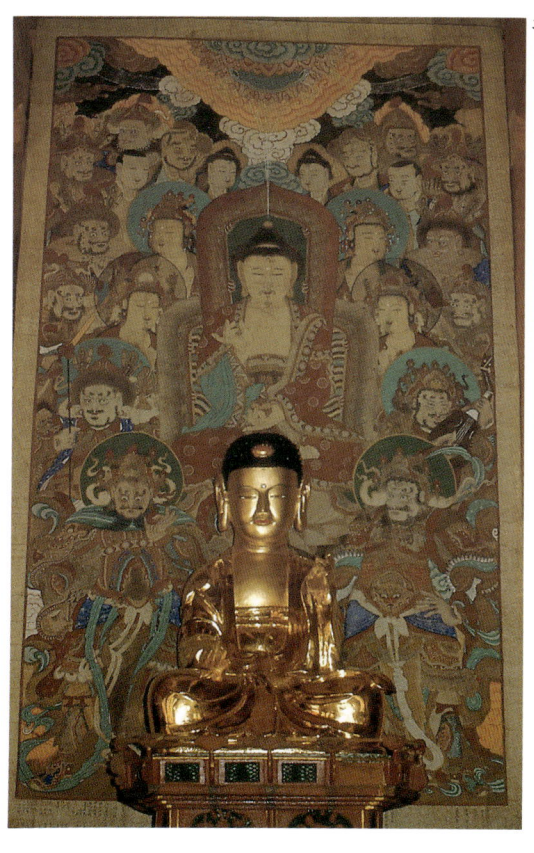

광덕사 약사불회도 광덕사 대웅전에 석가, 아미타도와 함께 봉안된 삼세불화 가운데 한 폭이다. 중앙의 약사여래를 중심으로 일광, 월광보살을 비롯한 4보살과 사천왕 그리고 권속들이 본존을 에워싸고 있다. 조선(1741). 가로 182센티미터, 세로 326센티미터. 충남 천원군 광덕사 소재.

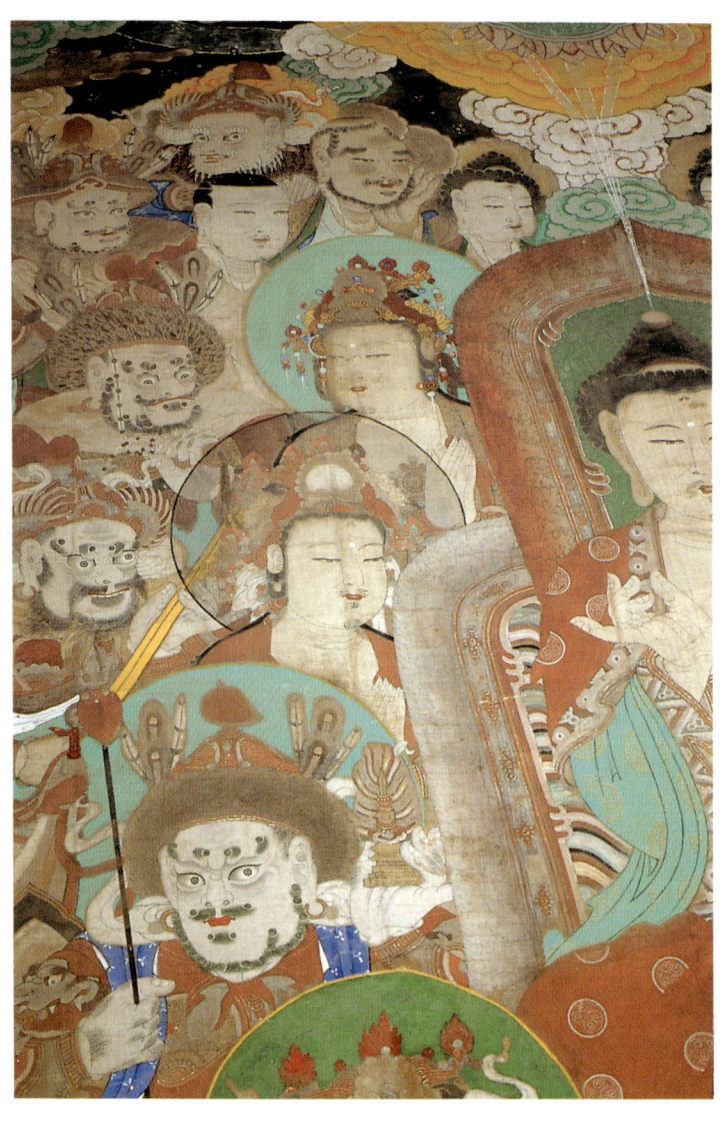

광덕사 약사불회도의 월광보살 일광보살과 대칭되는 곳에 배치되어 있고 보관에 흰색
의 월상이 표시되어 있다.

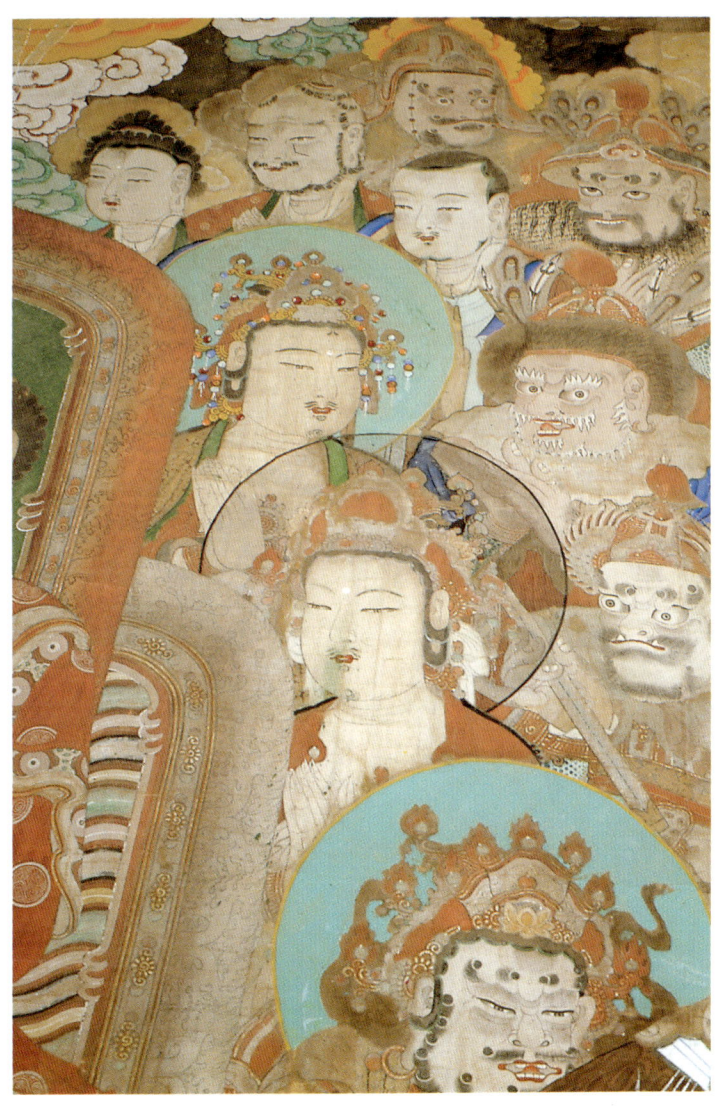

광덕사 약사불회도의 일광보살 보관에 붉은 일상 표시가 있어 다른 보살과 구별이
된다.

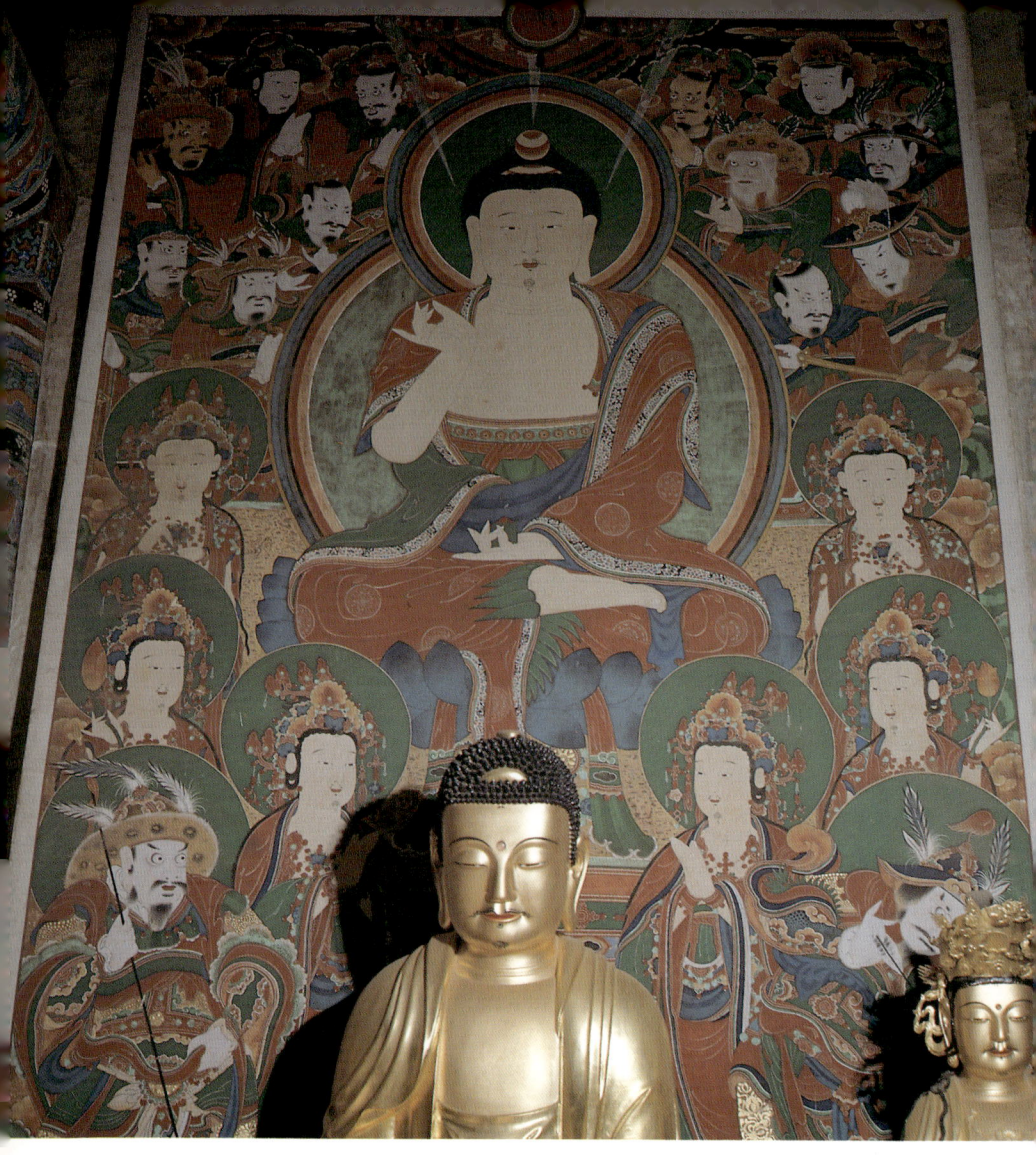

쌍계사 약사불회도 중앙의 약사여래와 6보살, 2대천왕 그리고 약사 12신장이 배치된 그림이다. 본존의 대좌 좌우에 시립한 일광, 월광보살은 보관에 일상, 월상의 표지가 없고 다른 보살과 같은 모양의 보관을 쓰고 있다. 조선(1781년). 세로 504센티미터, 가로 313센티미터. 경남 하동 쌍계사 대웅전 소재.

124 일광보살, 월광보살

조선시대의 약사여래도 가운데 회암사(檜岩寺)의 약사삼존도 118, 119쪽 사진
(1565년, 국립중앙박물관 소장)와 광덕사(廣德寺) 약사불회도 121, 122, 123쪽 사진
(1741년) 그리고 직지사(直指寺) 약사불회도(1744년) 등에서 두
보살은 각기 일상, 월상의 표시를 지닌 보관을 쓰고 모두 합장한
자세를 취하고 있다.

또한 범어사(梵魚寺) 대웅전의 약사삼존도 벽화에서 두 보살은
각기 일상, 월상이 꽃 위에 놓여져 있는 연꽃 가지를 잡고 있다.
통도사(通度寺)의 약사불회도(1755년)에서 두 보살은 각기 꽃줄기 120쪽 사진
를 잡고 있는데 월광보살은 흰 연꽃을 잡고 일광보살은 나팔과 같은
특이한 모양의 꽃을 지녔는데 「정유리정토표」에서 말한 만주적화를
표현한 것이 아닐까 생각된다.

이 밖에 쌍계사(雙磎寺) 약사도(1781년)에서처럼 일광, 월광보살 124쪽 사진
에 아무런 표시나 지물이 없이 합장을 하고 있어 약사여래의 협시로
배치되지 않았다면 다른 보살과 구별이 어렵게 표현된 예도 있다.

맺음말

'재가자(在家者), 출가자(出家者), 남녀, 귀천을 불문하고 누구나 붓다의 깨달음을 구하려 수행하는 자는 모두 보살'이라는 사상이 대승불교의 큰 특질 가운데 하나이다.

이러한 범부(凡夫)보살 외에 지금까지 앞에서 살펴본 관음, 세지, 지장, 미륵 등의 보살들은 어떤 의미에서는 수행을 완성한 보살이라고 할 수 있다. 이들은 중생을 교화하는 대보살로서 범부보살과는 다르며 따라서 붓다와 함께 일반 대중들에게 숭배의 대상이 되는 것이다.

보살상들은 불상과 마찬가지로 시대와 지역에 따라 조성된 종류와 빈도가 다르고 또한 조금씩 그 표현된 모습도 달라진다. 따라서 이들을 통해 우리는 당시 성행된 불교 사상의 흐름이나 미술 양식의 변천 등을 파악할 수도 있다.

지금까지 살펴본 우리나라 보살상의 일반적인 특징을 간추리면 다음과 같다.

첫째, 지금까지 남아 있는 보살상의 작품을 통해 볼 때 앞서 살펴본 대보살 이외의 보살들은 그다지 많이 조성되어지지 않았다.

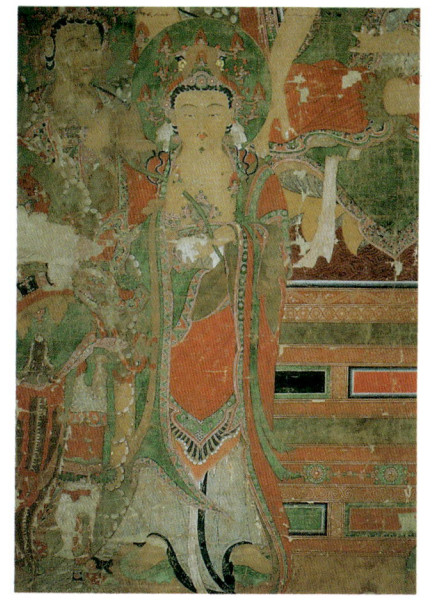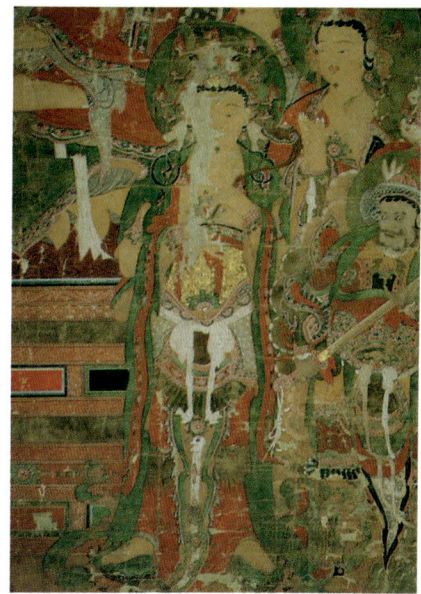

도림사 영산회상도의 문수, 보현보살 석가모니의 협시보살로 등장하는 문수보살과
보현보살로 이들은 연꽃을 들고 있다. 조선. 동국대학교 박물관 소장.(왼쪽, 오른쪽)

앞에서 언급된 보살들 외에 금강장(金剛藏)보살과 제장애(除障碍)
보살은 관음, 세지, 문수, 보현, 미륵, 지장보살과 함께 아미타 8대보
살에 속하므로 아미타도와 같은 불화에는 자주 등장하는 보살이
다. 그러나 이들 외에 다른 보살은 그 유례가 매우 희귀하다.

둘째, 대보살 가운데 관음, 지장, 미륵, 문수보살 등은 독립된 단독
상으로도 만들어져 신앙되지만 이들을 제외한 보살들은 단독상으로
는 만들어지지 않고 대부분 협시보살로서 조성된다. 이러한 사실은
당시 성행된 불교 사상의 경향과도 관련된다고 하겠다.

셋째, 우리나라 보살상 가운데 밀교적인 도상을 보이는 보살상이
극히 드물다는 점이다. 따라서 변화관음의 종류가 다양하지 않고
또 밀교적으로 발전된 보살상의 도상이 매우 희귀하다.

장곡사 아미타불화　지금까지 남아 있는 보살상의 작품을 볼 때, 대보살 이외의 보살들은 그다지 많이 조성되어 지지 않았다. 금강장보살과 제장애보살은 관음, 세지, 문수, 보현, 미륵, 지장보살과 함께 아미타 8대보살에 속하므로 아미타도와 같은 불화에는 자주 등장하는 보살이다. 그러나 이들 외에 다른 보살은 그 유례가 매우 희귀하다.

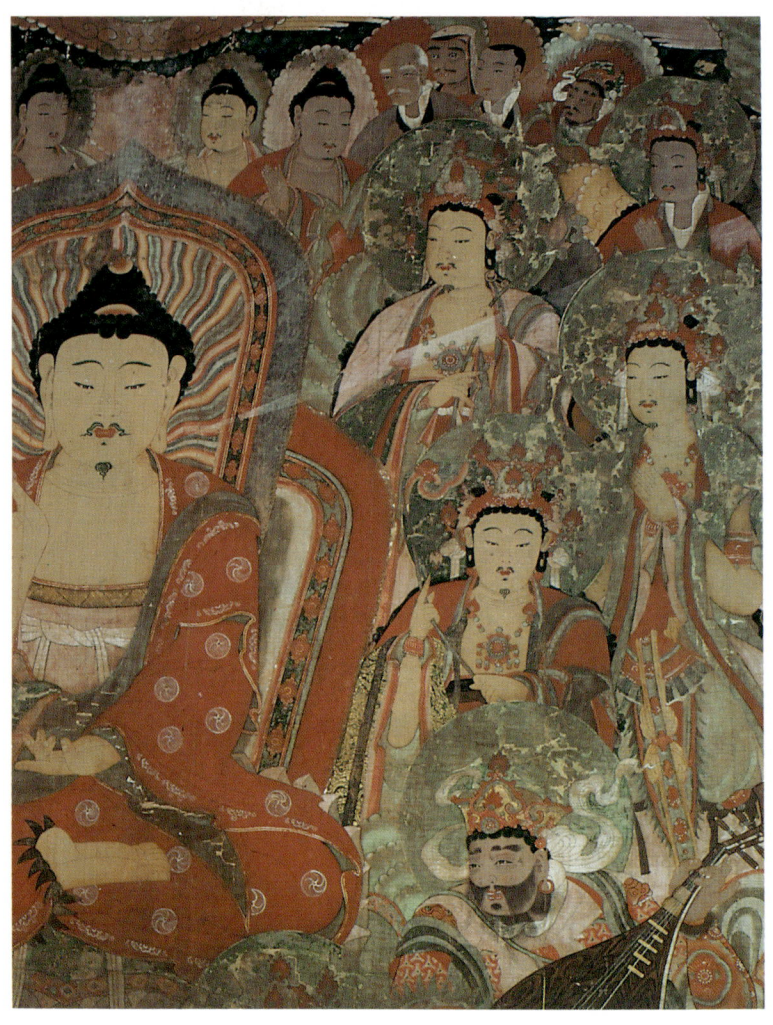

빛깔있는 책들